さあ、才能《じぶん》に目覚めよう 新版

ストレングス・ファインダー2.0
STRENGTHS FINDER 2.0

From GALLUP TOM RATH トム・ラス 古屋博子［訳］

日本経済新聞出版社

StrengthsFinder 2.0
by Tom Rath

Japanese translation rights arranged with Gallup B.V.
through Tuttle-Mori Agency, Inc., Tokyo

ドナルド・O・クリフトン

1924 – 2003年

クリフトン・ストレングス・ファインダーの開発者。アメリカ心理学会会長賞にて「強みの心理学の父」として表彰される。

さあ、才能《じぶん》に目覚めよう　新版—目次

装幀　渡辺弘之

ストレングス・ファインダー2・0

1998年、私は「強みの心理学の父」故ドナルド・O・クリフトン率いるギャラップ社の研究者チームと働きはじめた。私たちの目標は、人にとって正しいことについて世界と対話を始めることだった。

弱点を直すことを中心に回っている世界で生きることには、もううんざりしていた。社会は常に人々の短所に焦点をあてる。世界中の人々は皆、その考えから離れられないようだった。しかし、私たちはもっと大事なことを発見した。短所ではなく長所を伸ばすことにエネルギーを注いだほうが、人は何倍もの成長を手にすることができるのだ。

ギャラップ社が40年にわたって行ってきた「人間の強み」に関する研究に基づいて、私たちは、人々に共通する34の資質を言語化し、それらを発見・説明するためのアセスメント〈クリフトン・ストレングス・ファインダー〉を開発した。その第1弾として2001年、『さあ、才能《じぶん》に目覚めよう』を出版した。議論は、すぐにビジネス書の読者を超えて広がった。世界はこの話題を待っていたのだ。

過去数年間だけでも、〈ストレングス・ファインダー〉を受けて自分のトップ5の資質を知った人の数は数百万人にのぼり、同書はベストセラーに名を連ねた。〈ストレングス・ファインダー〉は20カ国語以上の言語に翻訳され、100以上の国々の企業や学校、コミュニティなどで活用されてきた。しかし、強みに基づいた家族やコミュニティ、職場をつくることになると、まだまだやるべきことは多い。

過去10年以上にわたってギャラップ社は、世界の1000万人以上を対象に「従業員エンゲージメント（従業員がいかに意欲的で生産的であるか）」を調査してきた。その結果、次の項目に対して「非常にそう思う」と答えたのは、たった3分の1の人たちだった。

「私は仕事をするうえで、自分の最も得意とすることを行う機会を毎日持っている」

最も得意なこと、すなわち自分の強みに専念する機会のない人が払う代償は実に大きい。1000人以上を対象とした最近の調査で、「自分の最も得意とすることを行う機会を毎日持っているか」という質問に「まったくそう思わない」「そう思わない」と答えた人のうち、仕事に意欲的で生産的な人はただのひとりもいなかったのだ。

これとは対照的に、毎日強みに取り組む機会がある人は、ない人よりも6倍も意欲的かつ生産的に仕事に打ち込む傾向があり、総じて「生活の質がとても高い」と述べる傾向が3倍以上にの

図表1　従業員が周囲に悪影響を与える確率

・上司が従業員を無視する場合	40%
・上司がまず、従業員の弱みに着目する場合	22%
・上司がまず、従業員の強みに着目する場合	1%

ぼることが、私たちの研究でわかっている。

幸いなことに、日常的に自分の強みに着目してくれる人が職場にいると劇的によい影響を及ぼすことも私たちの調査で明らかになっている。2005年、私たちは「上司がまず、従業員の強みに着目する場合」「まず、弱みに着目する場合」そして「従業員を無視する場合」に何が起こるのか調査を行った。その結果は、これまでの認識をくつがえした。職場にあふれている、周囲に悪影響を及ぼす無気力な姿勢や怒りや不満を伝染させる態度(disengagement)を減らすのは簡単かもしれないことがわかったのだ(**図表1**)。

この結果から、あなたを無視する上司が、弱点に着目する上司よりも多くの弊害をもたらしていることがわかる。しかし、最も驚くのは、強みに着目する上司が、職場であなたを悲惨な状態に追い込む確率を激減させていることだろう。毎日、職場で目にする、周囲に悪影響を及ぼすネガティブな態度。これは、治すことができる病気だったのだ。もし私たちがまわりにいる人たちの強みを伸ばすことができるなら。

本書の新しい点

人の強みに関する私たちの知識は過去10年で飛躍的に増えた。本書では、最新の知見とその活用例を新たに紹介している。34の資質とその名称は変わらないが、アセスメントはより精度が上がり、それぞれの強みをより深く掘り下げて分析している。

オンラインのアセスメントを受けたら、その結果に基づいた自分専用のガイド――レポートやツールを利用することができる。このガイドでは、私たちの研究でわかった5000を超える新たな〈強みについての洞察《インサイト》〉に基づいて、何があなたを特徴づけるのか、その微妙な違いを徹底的に掘り下げている。

レポートでは、『さあ、才能《じぶん》に目覚めよう』や本書の第Ⅱ部で紹介する各資質の説明に加えて、個別にカスタマイズされた〈強みの洞察〉を示している。〈強みの洞察〉は、トップ5のそれぞれの資質があなたの人生でどんな役割を果たすかを、より個人的なレベルで理解するのに役立つ。たとえば、あなたと友人がトップ5に同じ資質を持っていても、その資質の現れ方は異なる。そのため、その資質がそれぞれ2人の人生でどんな働きをするかは、まったく異なる説明となる。〈強みの洞察〉は、私たちがこれまで調査してきた数百万人の人々と比べたときに「あなたを際立たせる特徴」を示している。

また本書では、34の資質についてそれぞれ10項目の〈行動アイデア〉も示している。あなたが具体的にとることができる計50項目（＝トップ5×10項目）のアクションは、いずれも数千件の成功事例から選び取ったものである。さらにこのガイドを利用すれば、あなたの特徴的な資質がスキルや知識、経験にどうかかわるかを探り、自身の強みに基づいた能力開発プランを策定することもできる。また、ウェブサイトには、自分や自分のまわりの人々の強みについて、よりくわしく学ぶための資料も用意されている。

自分の強みについて学ぶことは興味深い経験だが、それだけでは得られることも限られる。本書やアセスメントなど、すべてを活用しよう。自分や自分のまわりの人々の生活をよりよいものにしたければ、行動を起こす必要がある。あなたの資質に合った仕事や目標を選ぶために、各自の能力開発ガイドを利用しよう。そして、そのプランを同僚や上司、親友たちにも見せよう。さらには、職場や自宅でまわりの人たちがそれぞれの強みを伸ばせるように手を貸そう。そうすれば、より前向きで生産的な環境に身を置いているあなたを見つけられるはずだ。

I

まず、あなたの強みを見つけよう

「いばらの道」を選ぶな
あなたは「強みのゾーン」にいるか
「才能」を「強み」にする
才能はあなたに見出されるのを待っている
〈ストレングス・ファインダー〉を受ける

◆「いばらの道」を選ぶな

ほとんどの学習プログラムが「本当のあなたではない人」になるための支援を目的としているが、それは根本的に間違っている。たとえ数字についての才能がなくても、学位をとるためにはそのことに時間を費やさなければならない。相手に共感することができない人は、それができるようになるための研修に送り込まれる。ゆりかごから職場まで、私たちは「強み」よりも「欠点」のためにより多くの時間を割いている。

これは、生まれつきの才能のなさを克服しようと奮闘する人々に向けた「ヒーロー」が次々と誕生していることからも明らかだ。実話をもとにして製作された１９９３年のアメリカ映画『ルディ／涙のウイニング・ラン』を思い出してほしい。主人公は、ノートルダム競技場のグラウンド・キーパーだった23歳のルディ・ルティガーだ。１７０センチ未満、74キロのこの若者は大学のアメリカンフットボールで長期間プレーする身体的能力を備えているとはお世辞にも言えないが、高い「志」の持ち主だった。

ルディはアメフトをするためにノートルダム大学に入ろうと何度も挑戦した。３度の失敗を経て、やっと入学が許可されると練習チームの一員となった。

2年間、ルディは毎日練習で叩きのめされたものの正選手にはなれなかった。だが、それから2シーズン、ありとあらゆる努力をした後に大学4年目の最後の試合でユニフォームを着ることが許された。試合終盤、ノートルダムの勝利が確実になったとき、チームメイトたちがルディを試合に出すよう監督に働きかけたのだ。もう少しでホイッスルが鳴ろうという最後の瞬間、監督がルディをフィールドへ送り出すと、ルディは敵チームのクォーターバックにタックルした。

劇的な瞬間だった。ルディは一躍英雄となった。ファンは彼の名前を連呼し、競技場で胴上げをした。後にホワイトハウスに招かれたルディは、ビル・クリントンやコリン・パウエル、アメフトの神様であるジョー・モンタナとも会った。ルディの粘り強さは称賛に値する。だが彼は何千という時間を練習に費やした後、試合に数秒間出場して、たったひとつのタックルを決めただけなのだ。

この感動的な話は重要な問題を隠してしまっている。欠点を克服することは私たちの文化の基礎になっているのだ。本や映画、そして昔話も、100万分の1の確率しかなかった大どんでん返しの話であふれている。このことは才能を存分に発揮している人を賞賛するよりも、能力不足を乗り越えた人たちを祝福する風潮を生み出している。その結果、何百万人という人々がアメリカン・ドリームの典型である「ヒーロー」たちを見て大きな課題を克服することに照準を合わせてしまっている。残念ながら最も大変な「いばらの道」を選んでいるのだ。

間違った格言？

「努力すれば、何にでもなりたいものになれる」

私も若いころ、この格言を信じていた。多くの子どもたちがそうするように、次のマイケル・ジョーダンになろうと少年時代を過ごしていた。毎日３、４時間、バスケットのゴールに向かってシュート練習を繰り返した。毎年夏には合宿へ行き、優れた選手になるためのあらゆる努力をした。しかし、どんなに頑張ってもＮＢＡの花形選手にはなれなかった。５年以上にわたって１００％の努力をし続けても、二軍選手にさえなれなかったのだ。

「努力すれば、何にでもなりたいものになれる」という格言を信じても、苦しみからは逃れられない。こうした状況は毎日、職場でも起きている。業績トップのセールスマンは努力すれば優秀なマネジャーになれると考えている。他のマネジャーからアドバイスを受け、手に入れたビジネス書をすべて読み、家族や自分の健康さえも犠牲にして仕事を終わらせるために毎晩遅くまで働くが、数年後、自分には人を育てる才能がないことに気づく。それは時間がムダだっただけではない。優秀だったセールスマンの役割にとどまっていれば、もっと会社に貢献することができただろう。しかし、私たちが収入や地位、責任を向上させたいと思うと、ほとんどの会社の経営陣は、その人の才能に合った特定の役割でキャリアアップをはかるのではなく、まったく違う役割につくことを求めてくる。

さらに残念なのは、欠点への強迫観念が家庭や学校で若者たちに与える影響だ。私たちが調べたあらゆる文化において、圧倒的多数の親たち（アメリカでは77％）が「（子どもたちの）最も成績の悪い科目にこそ、最も多くの時間と注意を注ぐべきだ」と回答した。親も教師も、子どもたちが最も成功する可能性のある分野により多くの時間を割こうとせず、優秀な成績にはたいして投資もしない。

実際、いつも数字と悪戦苦闘している人が有能な会計士や統計学者になれる見込みはあまりないだろう。相手に共感することができない人は、それをできる人がとるような温もりのある誠実な方法で怒る客をなだめることは決してできないだろう。バスケットボールのコートでは偉大な才能そのものだったマイケル・ジョーダンでさえ、どんなに努力をしてもゴルフや野球の「マイケル・ジョーダン」にはなれなかった。

「何にでもなりたいものになれる」というアメリカの神話を信じて育った人は、特にこの考え方に違和感を持つかもしれない。しかし、どんな人でもある特定の分野で成功する可能性は大いにあり、そうなるためのカギが「いまのあなた」から始めることにあることが、ギャラップ社の調査から明らかになった。

人が生まれ持った才能に専念したときに何が起こるか、ギャラップ社がメキシコのプエブラで経済開発の仕事にかかわったときの簡単だが説得力ある事例を紹介しよう。

ヘクターは、すばらしい靴職人として知られていた。事実、フランスから来た遠方の客でさえ「ヘクターは世界最高の靴をつくる」と断言するほどだった。しかし、彼は長年、自分の靴職人としての商売が小規模であることに不満を持っていた。本当は1週間に何百もの靴をつくれるのに、実際につくっているのは平均して30足ほどだった。友人が理由を尋ねたところ、彼は「靴をつくるのは得意だが売るのが苦手で、特に集金が不得意だ」と説明した。ヘクターは自分の不得意なことにほとんどの時間を割いていたのだ。

そこで、友人は、セールスとマーケティングの才能を持つセルジオをヘクターに紹介した。ヘクターが職人として名をはせているように、セルジオは商談をまとめ、販売するのが得意だった。それぞれの強みを合わせて、ふたりは一緒に働くことにした。1年後、強みに基づいたこのコンビは、週に100足以上——以前の3倍以上にあたる靴を生産、販売、集金していた。

この話は単純化されているように見えるかもしれない。しかし、多くの場合、自分に適した仕事につけば物事はこのように簡単に運ぶのだ。才能を伸ばすことにエネルギーの多くを注ぐことができれば、私たちは飛躍的な成長を遂げることができる。だから「何にでもなりたいものになれる」は、こう言い換えたほうがより正確だろう。

何にでもなりたいものには「なれない」が、本当の自分を大きく飛躍させることが「できる」。

◆あなたは「強みのゾーン」にいるか

過去数十年にわたってギャラップ社はさまざまな職種の人々が自分の才能をどう仕事に活かしているかについて研究してきた。その対象は家政婦から取締役、聖職者から官僚まで多岐にわたる。また、あらゆる文化や国、産業、役職を網羅して調査を行った。幸いなことに、私たちはすべての職種で自分の「強み」を発揮しているヒーローたちのすばらしい事例を見つけることができた。分野に関係なく、自分の「強み」を伸ばす機会を持つことは、職種や肩書、そして給料の額よりも、成功するために重要なことなのである。能力重視の傾向が強まっている今日の社会で自分が何に適しているかを把握するためには、自分の「強み」を知り、それを伸ばしていく必要がある。

先に話したように、私たちが調査したすべての職種で大多数の人が「最も得意とすることに専念する機会がない」と答えている。私たちはこの質問を1000万人以上の人々に投げかけたが、約700万人が不十分だと回答していた。

あなたが「強みのゾーン」にいないとしたら何が起こるだろうか。簡単にいえば、まったくの別人になっているだろう。あなたが職場で抱く仕事への意欲や生産性は、強みを活かしている人に比べてその6分の1にとどまっているはずだ。職場で自分の強みを発揮できないとなると、あなたは次のような状態に陥っている可能性がある。

・仕事へ行くのが不安だ
・同僚とは積極的というより消極的にかかわる
・顧客をないがしろにする
・勤務先がいかに悲惨かを友人に語る
・日々の達成率は低調だ
・前向きに考えられず、創造的でなくなる

「強みのゾーン」にいないと、仕事だけでなく人間関係や健康にも深刻な影響が及ぶ。反対に強みに基づいたアプローチを使っている人は自信と希望にあふれ、他人を思いやる余裕も生まれることがギャラップ社の調査から明らかになっている。

であれば、なぜ多くの人が「強みのアプローチ」を使って生活しないのか。最も大きな問題は、ほとんどの人が自分の、または自分のまわりにいる人たちの強みを知らないか、知っていても説明できないことだ。

◆「才能」を「強み」にする

「ほとんどの人は、自分は何が得意かを知っていると思っている。しかし、たいていは間違っている。……それでもなお人は、強みによってのみ何かを成し遂げることができる」

経営の第一人者、ピーター・ドラッカー（1909―2005年）

1960年代半ば、私の師であり、強みの心理学の父であるドン・クリフトンは、人の悪いところを表現する「言葉」ならすでに数えきれないほどあることに気づいた。私たちのまわりの人たちが使う非公式の言葉に加えて、心理学には「DSM―Ⅳ」という、アメリカ精神医学会が定義した精神障害の分類と診断のマニュアルがある。ビジネスの世界では数え切れないほどのコンピテンシーモデル（高い業績を生み出している人が持つ特徴的な行動特性）が指摘されているが、その多くは何がうまくいっていないかを説明することに重点を置いている（それらはよく「改善すべき分野」として分類されているが）。

人の優れた点に関する会話をもっと増やしていこう。1998年、クリフトンは研究者を集めて、才能についての「共通言語」を開発するという野心的な目標を設定した。彼らは人や組織にはその人の優れた行動を説明するための特定の言語が必要だと感じていた。私たちは当時すでに実施していた10万件以上の才能に基づくインタビュー調査の結果を掘り起こし、そのデータからいくつかのパターンを探した。重役やセールス担当、カスタマーサービス担当、教師、医師、弁護士、学生、看護師などの専門分野で成功している人に対する特定の質問を調べた。こうして、データベースのなかから最も共通性のある34の資質を特定したのだ。そして、それぞれまったく異なる才能を測定するためのアセスメントツール〈ストレングス・ファインダー1・0〉を開発した。

34の資質は、才能を分類して共通言語をつくり出そうという試行錯誤を繰り返した私たちの努力の結晶だ。決してすべてをとらえることができたわけではない。分類に含まれなかった資質もある。しかし、私たちはこの共通言語を扱いやすいものにして、職場や家族のあいだでも簡単に使えるものにしたかった。

実際のところ〈ストレングス・ファインダー〉が測定するのは、「才能」であって「強み」ではない。余談だが、「才能《タレント》ファインダー」ではなく「強《ストレングス》みファインダー」と名付けたのは、私たちの最終目標がその人の真の強みを築くことにあるからだ（才能は強みの元となる一要素にすぎない）。〈ストレングス・ファインダー〉は、あなたがどんな知識を持っているかについては質問しない。あなたが受けた教育や学位、履歴書に関する質問もしない。手順どおりにクルマを運転することができるかどうか、特定のソフトウエアを使えるかどうか、特定の商品を売ることができるかどうかといったスキルについても質問しない。いずれも重要だが、私たちが発見したのは、「知識やスキル、そして恒常的な訓練が最も役立つのは、あなたの才能を伸ばすために使われたときだ」ということだ。

アセスメントを受ける際、それぞれの質問に答える時間は20秒しかない。なぜ短いかというと、最初に頭に浮かんだ本能的な答えのほうが、あれこれ考えたものよりも本質を明らかにするからだ。基本的にはあなたが本能的に最も強く反応するもの、つまり長期にわたって変化する可能性が低いものを特定しようとしている。

強みの方程式

確かに人は時間とともに変わり、性格も状況に応じて変化する。しかし、研究者たちは人の核となる性質は成人期を通じて比較的安定していることを発見した。そして最近の研究では、人が情熱的に興味を持つことなど、「性格の軸」となる特徴は、これまで考えられていたよりも早い年齢で現れることがわかった。23年間という長期間にわたってニュージーランドで1000人の子どもを対象に行われた研究によると、3歳のときに観察された性格は26歳のときに報告された性格の特徴と驚くほど共通していた（注）。これは、〈ストレングス・ファインダー〉があなたの性格における不変の要素、つまり才能を測定する理由でもある。

知識やスキル、練習も、強みを育むためには不可欠だ。基本的な思考力やスキルがなければ、才能は開発されないままとなる。だが、幸いなことに、知識やスキルをレパートリーに加えるのはわりと簡単だ。金融の基本を理解したければ関連する講座を受ければいいし、新しいソフトウエアの使い方を学ぼうと思えばいつだってできる。あなたの才能を真の強みにするには、身体的に強くなるのと同様、猛特訓すればよい。たとえば、あなたがすばらしい上腕二頭筋を生まれながらにして持っていたとしても、日々筋力トレーニングを続けなければ鍛え抜かれたたくましい力こぶは生まれない。だが、トレーニングを積めば成果が出る。練習量が同じでも、生まれつきその可能性を持っていない人より大きな成果が得られるはずだ。

これに対し、才能自体を新たに身に付けることは、それとはまったく違う話だ。たくさんのトレーニングを積めば、ほとんど持っていなかった能力を身に付けることはできるかもしれないが、私たちの調査ではそれは最善の時間の使い方ではないことがわかっている。最も成功している人は、その人が持つ高い才能を起点にしてスキルや知識を身に付け、練習を積んでいる。こうすれば、才能は何倍にも増幅して開花するのだ（**図表2**）。

ルディ・ルティガーに話を戻そう。彼は基本的な能力レベルに達するために猛練習で才能の欠如を補った好例だ。5段階評価でルディの投資（練習やスキル開発、知識を身に付けるためにかける時間）は5、才能は2としよう。投資が最高点の5であっても、彼がこの分野で強みを築け

図表2　強みの方程式

	才能（頻繁に繰り返す思考、感情、行動パターン）
×	**投資**（練習やスキル開発、知識を身に付けるためにかける時間）
＝	**強み**（常に完璧に近い成果を生み出す能力）

る可能性は最高で10（＝5×2）となる。そして、ルディのチームメイトには逆の者、つまり、才能が5で投資が2という、明らかに才能をムダにした者もいるだろう。ごくまれに、以前ノートルダム大学で活躍したジョー・モンタナのような、生まれ持った才能に加えて猛練習に取り組み、適切な成長機会が得られた選手をみることがある。才能と投資がともに5であるこの組み合わせのスコアは25（＝5×5）で、ルディの最高値10と比べてもわかるように完全に異なる水準に達する。

私たちは、人はひとりひとり違うとわかってはいる。しかし、往々にしてこの大事な見識を深く気に留めることはない。習得した専門性について話すのは比較的簡単だが、自分の才能について説明してほしいと言われると多くの人が困ってしまう。もし自分が持つ才能をすべて理解するのが難しいと感じたなら、一歩さがって客観的に考えてみるとよい。通常、才能には何かに関連した共通のもの――ひとつの資質があることに気づくだろう。ある才能、たとえば、自然と考えを共有したり、感動する話を生み出したり、的確な言葉を見出したりする才能は、コミュニケーションと直接関連している。これらに共通していること、それが資質なのだ。私たちはこれを〈コミュニケーション〉の資質と呼んでいる。また、生まれ持っての信頼性やコミットメント、決して言い訳しないという才能は、責任に関連しており、私たちはこれを〈責任感〉の資質と特定している。こうした資質の名称は才能を掘り下げるきっかけを、さらにはそれが強みとなる可能性について考える機会を与えてくれた。

（注）Capsi, A., Harrington, H., Milne, B., J.W., Theodore, R.F., & Moffitt, T.E. (2003). Children's behavioral styles at age 3 are linked to their to their adult personality traits at age 26. *Journal of Personality*, 71, 495-514.

弱点のマネジメント

自分があまり持っていない才能がどのような分野のものかを知っておくことは、どんな仕事や役職にも役に立つ。それがあなたの弱点となるので、仕事でそうした分野に足を引っ張られているときには特に助けになる。第Ⅱ部で紹介する34の資質を確かめたら、明らかに自分に欠けている才能や、強みになる可能性がほとんどない分野をいくつか特定してみよう。自分があまり持っていない才能がどのような分野のものかを知っておくことで、大きな障害を避けることができる。

たとえば、あなたは細かな管理が不得意だとする。一度それに気づけば、その苦手な分野に対してどうすればいいのか、いくつかの選択肢が生まれるはずだ。まず、その分野で活動する必要が本当にあるのかどうか自分に問いかけてみよう。もし細部に気を配ることが求められる仕事を簡単に避けられるなら、何としてもそこから逃れよう。もちろん、生まれつき得意ではないからと言うだけで簡単にやめられるほど恵まれた状況にある人はいないだろう。細部に注意する必要がある場合には、自分があまり持っていない才能を管理しながら仕事を進めるための仕組みをつくる必要がある。もし毎日の詳細なスケジュールをこなせるかどうかを心配しているなら、システム手帳やスマートフォンのアプリなどいくつかの選択肢がある。

もうひとつの方法は、あなたに欠けている分野の才能を持っている人とパートナーを組むことだ。たとえば、私の場合は〈包含〉の資質が弱い。この資質が高い人は、チーム全員に「自分はチームの活動にかかわっている重要な構成員だ」と感じさせることが得意だ。逆に私は全員の関与を考えずに急いでグループをまとめがちで、結果としてメンバーの感情を置き去りにすることが多々あった。そこで私は〈包含〉の資質が高い同僚のアマンダとパートナーを組むことにした。彼女は思いもつかなかった人たちもメンバーに加えることを私に気づかせてくれる。それによって、いくつかのプロジェクトではメンバーの隠れた才能を見出し、より強いチームをつくることができた。

落とし穴にはまるな

もうひとつ、あなたの才能が生み出す「落とし穴」についても意識しておくことが必要だ。たとえば、日々の仕事を片付けようとする際に〈指令性〉が高い人は、自分の通り過ぎた跡が台風一過のような状態になっていることに気づかないかもしれない。また、〈公平性〉が高い人は手順を一律にこなすことに気をとられ、最終的な結果や目標を無視してしまうかもしれない。

つまり、才能は物事を順調に進めるのを助ける一方で、ときどき目標を狂わせることもあるのだ。第Ⅱ部では34の資質についてそれぞれ10項目の〈行動アイデア〉を掲載している。これらは、あなたの才能がもたらす「落とし穴」にはまらないように注意喚起してくれるだろう。カギは自分の可能性と限界の両方を知ることだ。

新しいアセスメントから得られる〈強みの洞察〉

私たちは何百万もの人たちを対象としたインタビュー調査の結果を分析して、〈ストレングス・ファインダー〉をより精緻なものに改良した。と同時に収集した何百もの回答項目から、より深い洞察を得ようとした。

34の資質は人の才能がいかに多様なものであるかを説明してくれるが、ひとりひとりのあいだにある微妙な違いまでは説明してくれない。たとえば、あなたとあなたの友人がトップ5に〈学習欲〉の資質を持っているとしよう。しかし、その詳細やどうやってそれがその人に現れるかは人によって違う。毎月何冊かの本を読むことで学ぶ人もいれば、まず行動を起こすことで学ぶ人もいる。さらには飽くなき好奇心で探求する人もいれば、何でもグーグルで調べる人もいる。

才能についてより精密に、そして、ひとりひとりに落とし込んだかたちで考えられるように、〈ストレングス・ファインダー2・0〉では5000種類以上の〈強みの洞察〉に基づいたレポートを入手することができる。あなたの回答項目の組み合わせをもとにして抽出された〈強みの洞察〉は「あなたのトップ5の資質が、あなたの人生にどんな役割を果たしてきたか」を深く考えさせてくれるだろう。〈ストレングス・ファインダー1・0〉で提供される各資質についての説明はどれも一律だったが、〈ストレングス・ファインダー2・0〉で提供されるレポートは、よりあなたらしいものにカスタマイズされている。

よりあなたに近づいた説明にするため、私たちは5000種類以上の〈強みの洞察〉に関連したあなたの回答と私たちの巨大なデータベースを比較して、何があなたを際立たせているかに基づいて資質の説明を組み立てている。トップ5の資質の説明には、あなたが知っている人と重なる部分もあれば、共通言語を提供するという重要な目的もある。それと異なり〈強みの洞察〉は「何があなたを特徴づけているか」を主眼とした説明である。

〈ストレングス・ファインダー2・0〉のアセスメントを完了すると、次のレポートにアクセスすることができる。

・強みの洞察を中心としたトップ5の資質説明レポート
・数千件の成功事例に基づいた全50項目（＝トップ5×10項目）の行動アイデア
・あなたの資質とその活用方法に対する意識を高めるための質問

また、ウェブサイトには次の資料も用意している。

・強みを活かすための行動計画をカスタマイズするためのツール
・トップ5の表示カードをカスタマイズして作成するためのツール
・全34資質を説明するクイック・リファレンス・ガイド
・チームメンバーの資質を視覚化するチーム・ストレングス・グリッド
・トップ5における能力開発ガイド
・トップ5が実際の行動に現れる様子を説明するビデオ
・資質を強みに変える方法を説明するビデオ

◆才能はあなたに見出されるのを待っている

生まれながらの才能と情熱——自分が本当に楽しんでやっていることは、生涯にわたって継続する。しかし、多くの場合、才能は未開発のままだ。作家のマーク・トウェインは、死後、天国の門で聖ペテロと出会った男の話を書いている。男は生涯抱いていた疑問を賢人として知られる聖ペテロにぶつけた。

「聖ペテロ、私はずっと軍の歴史に関心がありました。誰が史上最高の将軍ですか」

聖ペテロはすぐに答えた。「簡単だ。あそこにいる男だよ」

「何かの間違いでしょう」。男は当惑した。

「彼とは地上で知り合いでしたが、ただの労働者でしたよ」

「友よ、そのとおりだ」。聖ペテロは答えた。

「彼は史上最高の将軍だった。もし彼が将軍になっていたらね」

これは残念ながらよくある話だ。あまりにも多くの人が間違った方向に向かうことに人生を費やしている。ゆりかごから職場を経由して墓場まで、すばらしい才能と可能性に気づくことなく進んでいく。

だから、できるかぎり早く自分の才能を見つけてそれを伸ばし、さらにはまわりの人たちが才能を伸ばすのを助けることがとても重要なのだ。友人が新しいアイデアを生み出すことを得意としているなら、彼がそれに気づくように働きかけよう。同僚には、その人が自分の才能により適した仕事を探せるように支援してあげよう。若者には生まれもっての競争性が足手まといではなく人生の財産になるかもしれないことを教えてあげよう。こうした行動があなたのまわりの世界を変えていくだろう。人には誰でも、見出されるのを待っている才能があるのだ。

◆〈ストレングス・ファインダー〉を受ける

あなたの、そしてあなたのまわりの人たちの才能を伸ばすために〈ストレングス・ファインダー2・0〉のアセスメントを受けよう。本書の巻末にある綴じ込みを見ていただきたい。そのなかに英数字が書かれているはずだ。それがあなたのアクセスコードである。このアクセスコードを使えば、〈ストレングス・ファインダー2・0〉を実施することができる。

アセスメントを終えたら第Ⅱ部に進んでほしい。第Ⅱ部では、34の資質のそれぞれについて概説やその資質を持つ人の声、行動アイデア、その資質が高い人と働くときのコツなどが書かれている。

〈ストレングス・ファインダー2・0〉は、あなたに強みを与えるためのものではない、ということを覚えておいてほしい。それは、あなたの強みを伸ばす可能性がどこにあるかを見つけやすくするためのものなのだ。

II

あなたの強みを活用しよう
——34の資質と行動アイデア

アレンジ *Arranger*

あなたは指揮者です。たくさんの要素を含む複雑な状況に直面すると、それらを最も生産性の高い組み合わせに調整したと確信するまで何度も並び替えを繰り返し、すべての要素を自分で管理することを楽しみます。あなたは自分の行為を特別ではないと考えています。物事をうまく運ぶのに最良の方法を見つけ出そうとしているに過ぎません。しかし、このような資質を備えていない人は、あなたの器用さに感嘆し、「そんなに多くのことをどうやって一度に考えられるのですか」と尋ねるでしょう。「どうしたらそんなに柔軟でいられるのですか。たったいま思いついたことを新しくアレンジするために、すでに十分練った計画を棚上げすることができるなんて」。でも、あなたはこれ以外の行動の仕方など想像することができません。旅行の直前、もっと割安な運賃が利用できることになって急に予定を変更する場合でも、新しいプロジェクトを成功させるために人材と資源の適切な組み合わせをじっくり考える場合でも、あなたは柔軟性を効果的に発揮するという点ですばらしいお手本です。単純なことから複雑なことまで、あなたはいつも最善の「構成」を探します。変化の激しい状況でこそ、あなたはベストを発揮できます。予期せぬ事態に直面すると、苦心して立てた計画を変えることはできないと文句を言う人もいれば、現行の規則や手続きを盾にして逃げる人もいます。あなたはそのどちらでもありません。それどころか、あなたは混乱のなかに飛び込み、新しい選択肢を工夫し、抵抗が最も少ない新たな道を探し求め、新しい協調関係を見つけ出します。結局のところ、もっとよい方法があるかもしれないと思うのでそうするのです。

〈アレンジ〉が高い人たちの声

サラ・P（経理部長）「どうやったらすべてのピースがうまく収まるか、すばやく判断しなければならない、なんていう複雑な状況に挑戦するのは本当に楽しいです。ある人は、ある状況――30個の変数を見て、すべてのバランスをとろうといっぱいいっぱいになってしまいます。私が同じ状況を見ると約3つの選択肢が見えます。3つしかないから、決断してすべてを正しい場所に配置するのは、私にとって簡単なことなのです」

グラント・D（オペレーション・マネジャー）「ある日、製造工場からある商品の注文が予定を大幅に上回ったという連絡が入りました。ちょっと考えていたら突然アイデアが浮かびました。月ごとではなく週ごとに商品を出荷するのです。『ヨーロッパ支社に連絡して、彼らの需要がどのくらいか聞いてみよう。そのうえで私たちの状況を説明して、彼らの週あたりの需要を聞いてみよう』と言いました。そうすれば在庫を増やさず注文に対応できます。もちろん運送費はかかりますが、あるところでは在庫があふれ、別のところでは品薄状態となるよりいいのです」

ジェーン・B（企業家）「ときどき、たとえば映画やアメフトの試合に行こうと企画していると、この〈アレンジ〉の資質に悩まされます。家族や友人たちが私に頼るんです。『ジェーンがチケットをとってくれるでしょう。交通手段も手配してくれるでしょう』って。なぜ私がいつもやらなければいけないの？　でも、皆が言うんです。『だって上手だからだよ。私たちがやれば30分はかかるでしょう。君のほうがずっと早いんだ。チケットの販売所に電話をして予約して、そんな感じで、はい、終わりだ』」

行動アイデア

・同僚や友人の目標を知るようにしましょう。彼らの目標に気づいていることを伝えて、成功のお膳立てをします。

・チームを立ち上げる際にはかかわりましょう。あなたはその人の資質やスキル、知識に合った適材適所の配置をするでしょう。

・違ったタイプの人たちがどのようにして一緒に働くことができるのか、あなたには直感的にわかります。性格や意見が合わないメンバーがいるグループをよく観察してみてください。〈アレンジ〉の資質の出番かもしれません。
・あなたが抱えているたくさんの業務やプロジェクト、責務の進行状況を忘れずに記録するようにしましょう。あなたがたくさんの仕事をさばく機会を楽しんでいたとしても、〈アレンジ〉の資質のあまり高くない人たちは、あなたがそのプロジェクトに専念していないと不安を感じるかもしれません。彼らの不安を打ち消すためにも、あなたの進捗状況を伝えましょう。
・ルーティンワークがあまりない、複雑でダイナミックな環境を探してください。
・総会やパーティー、祝賀行事など、組織の大きなイベントの運営を引き受けましょう。
・人に説明するときには、あなたのやり方を理解してもらえるように時間をかけましょう。あなたは自然にできますが、他の人たちにとっては、既存の手順を変えることが難しいかもしれません。なぜあなたのやり方のほうが効果的なのか、時間をかけてわかりやすく説明してください。
・職場ではその組織のなかの一番忙しい部署で〈アレンジ〉の資質を発揮してください。変化がなくルーティンワークの多い部署では、飽きてしまう恐れがあります。〈アレンジ〉の資質が活性化しているときにあなたは成長します。飽きるとつらくなるでしょう。

・「もし……なら」思考を人とわかち合い、あなたの目が広範囲にまでいき渡っていることを知ってもらってください。あなたは起こりうるすべての選択肢と調整が必要になる事項を認識していて、注意深く考えているのです。
・組織づくりだけでなくオフィス環境を整える際にも、あなたは持ち前の柔軟性を発揮します。生産性を高め、時間のムダをなくすために、オフィス・レイアウトや手順を見直して仕事の流れを改善しましょう。

〈アレンジ〉が高い人との働き方

・この人は複雑で多岐にわたる任務につくと燃えます。同時にいくつものことをこなさなければならない状況を楽しむでしょう。
・プロジェクトを立ち上げるときは、この人にプロジェクトチームのメンバーの役割分担を頼みましょう。この人はそれぞれの人の強みがチームに最大の貢献をもたらす方法を見抜くのが得意です。
・この人は何事にも臨機応変に対応することができるでしょう。うまくいかないことがあっても、必ず楽しんで別の方法を見出すでしょう。

運命思考

Connectedness

偶然に起こることはひとつもありません。あなたはそれを確かな感覚として持っています。それは、人々が互いに結びついていると心の底から知っているからです。確かに人は皆、自分の行動を自分で決めることができる、自由な意志を持った個別の人間です。とはいえ、私たちは何かもっと大きな存在の一部なのです。ある人はそれを集合的無意識と呼ぶかもしれません。それを魂あるいは生命力と呼ぶ人もいるでしょう。しかし、何と呼ぶかは問題ではありません。私たちは互いに隔絶されているわけではなく、地球や地球上の生命から切り離されていないと知っていることで、あなたは安心感を得るのです。この運命思考という考え方には一定の責任感が付随しています。もし私たちがもっと大きな存在の一部であるなら、人は他人を傷つけてはいけないのです。なぜなら、自らを傷つけることになるからです。人から搾取してはいけません。なぜなら、結局、自分自身に返ってくることになるからです。このような責任に対する認識が、あなたの価値体系をつくり上げています。あなたは思慮深く、思いやりがあり、受容力があります。人々は皆同じであると確信しているあなたは、異なる文化を持つ人々のあいだで架け橋の役割を果たします。見えない力を敏感に感じ取り、平凡な日常生活のなかに意味があるという安心感を人に与えることができます。あなたの信念は、あなたの育ちや文化によって決まりますが、それは強固なものです。理屈では説明できないことに直面したとき、それは、あなたやあなたの親しい友人を支えてくれます。

〈運命思考〉が高い人たちの声

マンディ・M（主婦）「謙虚さは〈運命思考〉の本質です。人は、自分がどんな人か、そしてどんな人でないかを知っていなければいけません。私にはちょっとした知恵があります。たくさんではありませんが、持っているものは本物です。壮大なものではなく本当に小さなことです。人は自分の才能に自信を持っています。それは本物の自信ですが、すべての答えを持っているわけではないこともわかっています。他の人たちが自分にはない知恵を持っているからこそ、つながりを感じるのです。もし自分がすべてを持っていると思っていたら、つながりを感じないでしょう」

ローズ・T（心理学者）「朝食のお皿に入ったシリアルを見て、これが自分のところにやってくるまでにかかわった何百という人のことを考えることがあります。畑を耕す人たちや肥料をつくった人たち、工場の倉庫で働く人たち、それから、隣に並んでいたシリアルではなくこれを私に選ばせたマーケティング担当者たちのことまで。変なのはわかっているんだけど、その人たちに感謝していると、ひとりではなく、もっと何かにつながっていて、もっと命とかかわっている感じがするんです」

チャック・M（教師）「普段は白黒はっきりしているほうなんですが、なぜか人生の謎を理解することになると寛容になるんです。いろいろな宗教を学ぶことにとても関心があるんです。いまはユダヤ教とキリスト教、カナン人の宗教に関する本を読んでいます。仏教やギリシャ神話――、これらが皆どのように結びついているのか、とても面白いです」

行動アイデア

・人の話を聞き、相談にのる職務につくことを考えてみてください。日々のさまざまな出来事がなぜ起こり、どう関連しているのかを人に理解させることに、あなたは才能を発揮するでしょう。

・つながりを見出す感覚を磨くための具体的な方法を模索しましょう。たとえば、読書会を開いたり、日常から離れてリフレッシュできる場に参加したりしましょう。〈運命思考〉を実践している組織に参加するのもよいでしょう。

・その活動が会社全体のなかでどういった位置付けにあるかがわかるように、同僚たちに働きかけましょう。チームを築きあげ、人に自分の重要性を感じさせる、よいリーダーになるでしょう。

・あなたは組織のなかに領域や境界線があることを知りながらも、それらを境目のない流動的なものと見なしています。あなたの〈運命思考〉の資質を、知識共有の妨げとなる縦割り的な仕事のやり方を打破するために使いましょう。

・自分の才能と行動、使命、成功のあいだにある関連性に気づくよう、人々に働きかけましょう。自分がしていることを信じ、自分が何か大きなものの一部であると実感したときに人は、それを本気で成し遂げようとコミットします。

・〈コミュニケーション〉の資質が高い人とパートナーを組むとよいかもしれません。彼が、現実世界とのつながりを具体的な事例で説明する手助けをしてくれるはずです。

・「世界は張りめぐらされた糸でつながって見える」。それを人にわからせるために多くの時間を割くのはやめましょう。あなたのつながりを見出す力は直感的なものです。それをわかち合えないなら、相手を合理的に説得することはできないでしょう。

・あなたの人生哲学は、あなた自身の個人的な関心やあなたの周囲で応援してくれている人たちの関心、あなたが影響を及ぼしている範囲をも超えて、あなたを突き動かします。それによってあなたは自分のコミュニティと世界が持つより大きな意味を理解するのです。こうした物の見方を人に伝える方法を探しましょう。

・人であることに生来備わっている共通点に対するあなたの理解が活かされるグローバルな仕事や異文化の職務を探しましょう。普遍的な能力を磨き、「われわれ」や「彼ら」といった言葉を用いて物事を考えている人たちの見方を変えましょう。

・〈運命思考〉の資質によって、あなたは人の表面から内面に視線を移してその人の人間性をとらえることができます。特に、あなたと異なる背景を持つ人と一緒に働くとき、このことに気づくでしょう。その人に貼られたレッテルから自然と視線を外し、その人の基本的欲求に着目することができるでしょう。

〈運命思考〉が高い人との働き方

・この人は特定の社会的な問題を強く支持していることがあります。何がその強い感情を引き起こしているのか、よく聞いてみましょう。この問題を受け入れることで、この人との関係をより深めることができるでしょう。

・この人に社内の異なるグループ間の橋渡しをしてもらいましょう。この人は物事がどのようにしてつながっているのかを自然と考えるので、いかにお互いが支え合っているかをそれぞれのグループに気づかせるのが上手です。
・もしあなたも〈運命思考〉の資質が高いなら、記事や文章、経験などをこの人と共有しましょう。お互いの関心事について高め合うことができます。

回復志向

Restorative

あなたは問題を解決することが大好きです。さらなる困難に遭遇するとうろたえる人もいますが、あなたはそれによって力を与えられます。あなたは症状を分析し、何が悪いのかを突き止め、解決策を見出すという挑戦を楽しみます。現実的な問題を好むかもしれないし、抽象的な問題あるいは個人的な問題を好むかもしれません。これまでに何度もぶつかって解決できる自信がある分野の問題を探し求めるかもしれません。あるいは、複雑で馴染みのない問題に直面したとき、あなたは最もやりがいを感じるかもしれません。あなたが実際に何を好むかは、あなたの他の資質や経験によって決まるでしょう。しかし確実に言えることは、あなたは物事に再び生命を与えることを楽しんでいるということです。底に潜む要因を明らかにし、その要因を根絶し、物事を本来あるべき輝かしい状態へ回復することをすばらしいと感じるのです。もしあなたの介入がなかったら、たとえばこの機械は、この技術は、この人は、この会社は、機能を停止してしまった可能性があると本能的にわかっています。あなたがそれを直したのです。それを蘇生させ、活気を取り戻させたのです。あるいは、あなたらしい表現で言えば、あなたはそれを救ったのです。

〈回復志向〉が高い人たちの声

ナイジェル・L（ソフトウエア・デザイナー）「子どものころ、金槌と釘と木で、木製のベンチづくりに取り組んでいたのをよく覚えているよ。何かを修理したり、いろいろ組み立てたり、あらゆるものについてそうすることが大好きだったんだ。いまはコンピュータープログラムで同じことをしている。プログラムをつくって機能しなければ、戻ってやり直して動くまで修正するのさ」

ジャン・K（内科医）「この資質は私の人生でいろんなふうに機能しています。たとえば、最初は手術に夢中になりました。手術室にいることも、傷を縫合することも大好きです。手術室で処置するのが好きなんです。死期が迫った患者さんのベッドのそばに座って彼と話し合ったことは、とても崇高な経験でした。人が怒りから嘆きを受け入れ、未解決だった問題に家族と一緒に決着をつけ、尊厳をもって死を迎える過程を目撃したのは、とても価値あることです。自分の子どもに対しては、この資質が毎日、火を噴いています。3歳の娘が初めてセーターのボタンを留めようとしていて、それがずれていたりすると、飛んで行って直したい衝動にかられます。もちろん、一生懸命抑えなければいけません。彼女は自分で学ばなくてはいけないから。でも、いやいや、それは本当に大変です」

マリー・T（テレビ局プロデューサー）「朝の番組をつくるっていうのは、基本的にずっとばたばたしているっていうことなのよ。問題解決が好きじゃなかったら、壁にぶちあたるわ。毎日、何か一大事が起こると、問題がどこにあるかを特定して解決し、それから次のことに移らなければならないの。うまくいったらものすごく元気になるわ。でも、もし家に戻っても問題が解決されていないままだと逆なの。打ちのめされた気分よ」

行動アイデア

・問題を解決すること、あるいは物事を修復したり問題解決したりする能力によって成功できる職務を探すとよいでしょう。医療やコンサルティング、コンピュータープログラミング、カスタマーサービスなどの仕事に喜びを感じるかもしれません。

・トラブルを解決することが楽しいのだ、と人に知らせることをためらわないでください。あなたは自然に対処できますが、多くの人にとってトラブルは尻込みするものです。あなたは多くの人を助けることができます。

・休息をとりましょう。〈回復志向〉の資質を持つ人は自分に厳しすぎることがあります。自分

カ

を見つめる場合は知識不足やスキル不足といった改善できる課題に、あるいは自分以外の具体的な課題に目を向けてみましょう。

・自分の問題を自分で解決することも大事です。あなたはその人たちのところへ駆けつけて問題を解決してあげたいと思うかもしれませんが、そうすることで彼らの学ぶ機会を奪ってしまう恐れがあります。マネジャーやコーチ、教師、また、子を持つ親であるなら、特に気をつけましょう。

・経営を再建するといった状況が、あなたの生来の強みを呼び起こします。停滞気味のプロジェクトや事業、だらけ気味の組織やチームを再び活性化させるための前向きなプランを立てる際に、あなたの〈回復志向〉の資質を役立ててください。

・〈回復志向〉の資質を、すでに発生した問題の解決だけでなく、これから起こる問題の予測や予防に使いましょう。あなたが持つ見通しや解決策を他の人たちと共有すれば、価値あるパートナーとして信頼されます。

・同じ問題が繰り返し発生する原因を特定できるようになるために、分野を決めて研究しましょう。ある種の専門性を身に付けられれば、より早く問題を解決することができるようになります。

・知識を高め、スキルを磨く方法を考えましょう。自分に欠けているものを特定し、それを埋める講座をとりましょう。

・絶えず成長し続けることが、あなたの特質のひとつです。骨の折れる仕事や活動、高いスキルや知識が必要とされる機会を通して、能力を伸ばす機会を見つけてください。

・〈回復志向〉の資質を活用して、あなたの仕事上の問題を検証する方法を考えましょう。いま起きている、または起こりそうな問題を特定して、過ちを防ぐための仕組みや手順を考え出すのです。

〈回復志向〉が高い人との働き方

・社内で起きている問題を特定したいときは、この人に頼んで観察してもらいましょう。鋭い洞察が生まれるでしょう。

・会社が早急な改善を必要としている状態なら、この人に助けを求めましょう。この人はパニックにはなりません。問題に集中して専門的な方法で対処するでしょう。

・この人がとりわけやっかいな問題に直面していたら支援を申し出ましょう。この人は自身の問題処理能力を非常に重視しているので、問題が解決されないと打ちのめされてしまうかもしれません。乗り越えるのを助けてあげましょう。

カ

学習欲

Learner

あなたは学ぶことが大好きです。最も関心を持つテーマは、あなたの他の資質や経験によって決まりますが、それが何であれ、あなたはいつも学ぶ「プロセス」に心を惹かれます。内容や結果よりもプロセスこそが、あなたにとっては刺激的なのです。あなたは何も知らない状態から、着実で計画的な過程を経て、能力を身に付けた状態に移行することでいきいきとします。最初にいくつかの事実に接することでぞくぞくし、早い段階で学んだことを復唱して練習する努力をし、スキルを習得するにつれて自信が強まる――これがあなたの心を惹きつける学習プロセスです。あなたの意欲の高まりは、あなたに社会人学習――ヨガやピアノのレッスン、大学院などへの参加を促すようになります。それは、短期プロジェクトへの取り組みを依頼されて、短期間でたくさんの新しいことを学ぶことが求められ、そしてすぐにまた次の新しいプロジェクトに取り組んでいく必要のあるような、活気にあふれた職場環境のなかで力を発揮します。この〈学習欲〉という資質は、必ずしもあなたがその分野の専門家になろうとしているとか、専門的あるいは学術的な資格に伴う尊敬の念を求めていることを意味するわけではありません。

学習の成果は、「学習のプロセス」ほど重要ではないのです。

〈学習欲〉が高い人たちの声

アニー・M（編集長）「何かを学んでいないと落ち着かないんです。去年、仕事は楽しかったけど、何か十分に学んでいない気がしたのね。だからタップダンスを習いはじめたの。おかしいでしょう？　人前で披露するつもりなんかもちろんないんだけど。でも、タップの技術にのめり込むのが楽しくて、毎週うまくなっていくと初心者クラスから中級クラスに移って、とても楽しかった。はまったわ」

マイルス・A（オペレーション・マネジャー）「私が7歳のとき、学校の先生が両親にこう言いました。『マイルスは学校で一番知識がある生徒というわけじゃないけれども、学んだことをどんどん吸収していきます。自ら新しいことをどんどんつかんでいくので、きっととても成功するでしょう』。いま私はビジネスや旅行で使えるスペイン語の講座をとっています。スペイン語会話を学んで堪能になるというのは野心的すぎるかもしれませんが、少なくとも旅行先で使えるくらいにはなりたいと思います」

ティム・S（エグゼクティブ専門コーチ）「私の顧客のひとりは、好奇心が強いのにやりたいことをすべてできないからイライラしています。私は違います。いろいろなことに興味を持っているわけではありません。何かを深く究めるほうが好きです。そうすれば、ある分野に秀でてそれを仕事に活かすことができます。たとえば、顧客のひとりから最近、仕事のためにフランスのニースへ同行してほしいと頼まれました。だから私はその地域についての本を買って読み、インターネットで調べはじめました。どれも面白いですし、学ぶのは楽しいですが、仕事で行かないなら何もしなかったでしょう」

行動アイデア

・学び方を工夫してみましょう。たとえばあなたが誰かに教えることで最も学べるなら、人前で発表する機会を持ちましょう。静かに熟考することで最も学べるなら、静寂の時間を持ちましょう。

・学習の進捗度を記録しましょう。もし専門分野やスキルなどの学習レベルが特別な段階に上がったなら、レベルアップしたことを祝福する時間を持ちましょう。そうした目安がなければ自分でつくってもよいでしょう（たとえば、あるテーマに関する本を5冊読んだら、プレゼンテーションを3回行ったら、など）。

・変化を起こす人になりましょう。他の人たちは新しい規則や技術を導入したり、環境を整備したりすることに尻込みするかもしれません。新しいことから吸収したいというあなたの意欲は他の人たちの懸念を和らげ、彼らを行動へと促します。真剣にこの責任を担いましょう。

・何らかの技術的な能力が必要とされる職務を探しましょう。専門性を習得し、維持する過程を楽しむでしょう。

・できる限り、技術や規則が常に変化する分野にキャリアを変更しましょう。これに対応しようと挑戦し続けることであなたはいきいきとします。

・詳細がよくわからない状態でも尻込みしないので、新たな状況に飛び込み、新たな資格や言語をすばやく取得するコンサルティング業務（社内外問わず）で卓越した手腕を発揮するかもしれません。

・学習と成果の関連性の裏付けについて調査しましょう。学びで成長する機会があると人はより生産的になり、忠誠心が高まります。あなたやあなたのまわりの人たちが学習ニーズが満たされていると感じる度合いを測る方法を探しましょう。また、個々人の目標に対する段階的な計画表の作成方法や、学習の達成度に応じて褒賞を与える方法を見つけ出しましょう。

・職場の学習助成プログラムを活用しましょう。あなたの会社は講座を受けたり資格を取ったりすることに関して、その一部または全額を負担してくれるかもしれません。助成金や研修に

カ

参加する機会がないか上司に聞いてみてください。

・学びたいという気持ちを行動に移しましょう。住んでいる地域の社会人講座などを活用しましょう。毎年少なくともひとつは新しい科目や講座をとることを自らに課しましょう。

・あなたが学習に没頭しているときには、時間が経つのを忘れるほど集中します。仕事や約束などに邪魔されない時間に勉強時間を設定して、思う存分やりとげましょう。

〈学習欲〉が高い人との働き方

・この人は職種に関係なく、新しい事実やスキル、知識を熱心に学びます。新しい学習方法を見つけてやる気にさせましょう。

・この人が到達したレベルや段階を確認するようにしましょう。この人が自分の学習の進度を把握するための助けになります。ひとつ達成するたびに祝福しましょう。

・この人が特定の分野で「第一人者」や「職場の専門家」となるのを奨励しましょう。有能でありたいというこの人のニーズを満たすでしょう。

活発性　*Activator*

「いつ始めようか」。これはあなたの人生で繰り返される質問です。あなたは動き出したくてうずうずしています。分析が有用であるとか、ディベートや討論が貴重な洞察を生み出す場合があることもあなたは認めるかもしれませんが、心の奥深くでは行動だけが有意義であると知っています。行動だけが何かを起こすことができるのです。行動だけが功績につながります。決断が下されると、あなたは行動を起こさずにはいられません。他の人は「まだ知らないことがあるのに」と戸惑うかも知れませんが、それによってあなたがペースを遅くすることはなさそうです。街の中を横断しようと決めた場合、最も速く移動する方法は信号から信号へと渡り歩くことです。すべての信号がいっせいに青になるまでだらだらと待っているわけではありません。そのうえあなたの考え方では、行動と思考は互いに相容れないものではありません。事実、〈活発性〉の資質によってあなたは、行動は最良の学習手段であると考えています。あなたは決断し、行動し、結果をみて、そして学びます。この学習方法によって、あなたは次の行動、そしてさらに次の行動へと導かれるのです。もし行動しなかったら、どうやって成長できるのでしょ

カ

うか。あなたは行動がなければ成長できないと考えています。あなたは危険を冒してでも行動し続けなければなりません。次の行動を起こさなければなりません。思考を常にいきいきと豊かにしておく方法が他にあるでしょうか。これが重要なのです。発言したことや考えたことによってではなく、実行したことによって判断されるということをあなたは知っています。あなたはこれを恐れることはありません。あなたにとって、これが喜びなのです。

〈活発性〉が高い人たちの声

ジェーン・C（ベネディクト会修道女）「1970年代に私が女子修道院長だったとき、エネルギー不足に見舞われ、経費がうなぎのぼりに増えていきました。私たちの敷地は17万坪以上あって、このエネルギー不足をどうしたらいいか、毎日歩きまわって考えていたんです。突然、これだけの土地があるなら自分たちでガス井を掘るべきだと思い立って、行動に移しました。ガス井を掘るのに10万ドル使いました。ガス井を掘ったことがなければわからないでしょう。ガス井があるかどうかを調べるだけで7万ドルもかかるのです。地面を掘り、振動性カメラというものでガス井があることはわかりましたが、それがどのくらいの大きさで、ガスを噴き上げるのに十分な圧力があるかどうかはわかりませんでした。『追加で3万ドルを払うなら、ガスを噴出できるかやってみます。そうでないならガス井を塞いで7万ドルをいただいて帰ります』と言われました。だから私は彼らに最後の3万ドルを渡したのです。幸いなことにガスが噴き上がりました。もう20年前のことですが、いまだにガスは出続けています」

ジム・L（企業家）「私がせっかちなのは落とし穴や障害物が潜んでいるかどうかについて何も聞きたがらないからだ、と思っている人たちがいます。私は繰り返し言っているんです。『壁にぶつかりそうなときは知りたいし、それがどれくらい痛いか教えてほしい。だけど、それでも私が壁にぶつかることを選んだら心配しないでほしい。君は自分の役目を果たした。私はただ、自分で経験してみる必要があったんだ』と」

行動アイデア

- 自分で意思決定し、行動に移せる仕事を探しましょう。たとえば、起業や事業再生にかかわる仕事です。
- 職場では仕事のプロセスよりもむしろ、測定できる成果で上司に評価してもらうようにしてください。あなたがとるプロセスは常にすばらしいものとは限りません。

・あなたは革新的なアイデアをすぐに行動に移すことができます。独創的な思考を持つ人を探して、彼らのアイデアを仮説ではなく具体的な行動に移すための手助けをしましょう。

・議論が泥沼に陥っていたり、トラブルで行き詰っていたりするようなら手を貸しましょう。事態を打開する計画を立てて行動に移すように彼らを励まし、膠着状態を終わらせましょう。

・あなたは仮説を議論するよりも、実際の経験から多くのことを学びます。成長するためには、あなたの才能やスキル、知識を試すような難しい状況にも意識して挑みましょう。

・あなたの押しの強さには大きな力がありますが、ときに人を委縮させてしまうこともあることを覚えておいてください。あなたの〈活発性〉の資質は、人から信用と忠誠心を得たときに初めて、最も大きな力を発揮します。

・社内で一番影響力のある意思決定者は誰でしょうか。3カ月に一度はランチをともにして、あなたのアイデアをわかち合いましょう。彼らはあなたの行動を支援し、そのアイデアを実現するために必要な資源を提供してくれるでしょう。

・あなたは他の人たちのアイデアや計画を活性化させることも得意です。〈目標志向〉〈未来志向〉〈戦略性〉または〈分析思考〉の資質を持つ人をパートナーにするのもよいでしょう。彼らはあなたの行動を見通して計画を立ててくれます。さらに多くの人たちからの支持や合意も得られるでしょう。そうやってお互いに補完し合うことができるのです。

・なぜあなたが「それをしてほしい」と求めているのか、理由をきちんと説明してください。さもなければ、相手はあなたのことを短気だと誤解し、「下手な鉄砲も数撃ちゃ当たる」型の人間だとみなすかもしれません。
・あなたは人に行動を起こさせたり、物事を進めさせたりする能力を持っています。〈活発性〉の資質は戦略的に賢く使いましょう。最適なときはいつか、最良の場所はどこか、そしてあなたの貴重な影響力を使うのに最適な人物は誰でしょうか。

〈活発性〉が高い人との働き方

・「私は君をアイデアを実現できる人だと思っている。いざというときは助けを求めるかもしれない」と本人に伝えておきましょう。あなたの期待がこの人のエネルギーとなるでしょう。
・この人が不満を述べているときは注意深く聞きましょう。得るものがあるかもしれません。そして、この人が新たに改善したり主導したりできそうな取り組みについて話し合い、味方につけましょう。それはすぐにやってください。目を離していると、脱線したときにすぐ周囲を不満に巻き込んでしまうからです。
・あなたのチームに必要な新しい目標や改善点について意見を求めましょう。そして、目標を達成するまでにこの人がとるべきステップを見つけるのを助けましょう。

共感性 *Empathy*

あなたは周囲の人の感情を察することができます。彼らが感じていることを、まるで自分自身の気持ちであるかのように感じることができます。本能的に彼らの眼で世の中を見て、彼らの世界観を理解することができるのです。あなたは必ずしもそれぞれの人の物の見方に賛成するわけではありません。必ずしもひとりひとりの困難な状況を哀れむわけではありません。哀れむのは、共感ではなく同情でしょう。あなたは必ずしも、それぞれの人の選択を受け入れるわけではありませんが理解します。そして、この本能的な能力はすばらしい力を持っています。あなたには言葉に表せない問いかけが感じられます。あなたには人々が必要としていることがわかります。他の人が言葉を探して苦労しているとき、あなたには適切な言葉や適切な言葉のトーンが自然に出てくるのです。あなたは人々が自分の感情をうまく言い表せるように手助けします。あなたは彼らが感じていることを表現するのを手助けします。このすばらしい力によって、人はあなたに惹かれるのです。

〈共感性〉が高い人たちの声

アリス・J（運営管理）「最近、理事会である人が新しいアイデアを発表したの。それは彼女たち皆にとってとても重要なものだった。でも、彼女が報告を終えたとき、誰もその意見を聞いていなかったの。本当に誰も聞いていなかった。彼女は紛れもなく失望していたわ。それは彼女の顔にも見てとれたし、その後、数日間彼女はぼーっとしてた。機会を見て、ついに彼女とそのことについて話したの。彼女が自分の感情を正確に言い表せられるように言葉を選んだわ。私が『どこかおかしいね？』って聞くと、彼女は話しはじめたの。『よくわかるわ。それがあなたにとってどんなに大事だったか知っているもの。それにぼーっとしているわ』って声をかけたら、ついに本音を打ち明けてくれた。『あなただけが私の話を聞いてくれて、この件について一言でも声をかけてくれた』って」

ブライアン・H（運営管理）「チームで何かを決めるときに私がよく聞くのは、『じゃあ、この人はこのことについて何て言うかな？　あの人は何て言うかな？』ということ。つまり、自分を他人の立場に置き換えるんだ。彼らの視点から考えてみよう。そうすればもっと説得力のあるものになるっていうことなんだ」

ジャネット・P（教師）「私が子どもだったとき、バスケットボールは女性のスポーツとはされていなかったからやったことは一度もないけど、試合の流れが変わりはじめたときにはすぐわかります。コーチのところへ行って、『彼らに喝を入れなさい。統制を失ってきてるわよ』って言ってやりたいです。〈共感性〉は大人数のグループにも働きます。群衆の気持ちがわかるのです」

行動アイデア

・仲間のひとりがつらそうなことに気づいたら、同僚や友人にさりげなく伝えましょう。あなたのように敏感な状況に気づける能力を持っている人はあまりいないことを覚えておきましょう。

・ある人の態度がその人やそのまわりの人たちに悪い影響を与えるなら、すぐに毅然とした態度をとりましょう。誰かの感情が不安定だからといって、あなたがその態度を許す必要はありません。あなたの共感が同情になると、まわりの人はあなたを「情に流されやすい人」と見なすようになるので注意しましょう。

・〈指令性〉や〈活発性〉の資質が高い人とパートナーを組むとよいかもしれません。彼らは、たとえそれが誰かの感情を害することになっても、あなたが必要な行動をとれるように助けてくれます。

・親友や相談相手の役割を果たしてください。あなたにとって信用は最も大事なものです。何かあったとき、人はあなたに連絡をとりたいと思うでしょう。真の助けになりたいというあなたの願望や思いは大きな価値を持つはずです。

・他の人たちに感情移入しすぎて、押しつぶされてしまうこともあるかもしれません。一日の終わりに「役目は終わった」という合図となる儀式をしましょう。あなたの感情を和らげ、燃え尽きるのを防いでくれます。

・〈共感性〉の資質が高い友人を見つけて、観察しましょう。

・人の感情を敏感に察するあなたは、すぐに部屋全体の感情的な雰囲気を察します。あなたの資質を、人々が理解し合い、助け合うために使いましょう。共感する力は、試練に直面したときにこそ役に立ちます。皆あなたの気遣いがわかるからです。そうすることで誠実な人間関係を築けるでしょう。

・人の幸せはあなたに喜びをもたらします。だからこそ、あなたは他の人たちの成功に気づき、彼らが成し遂げたことを肯定的に評価するのです。そのとき、感謝や賞賛の言葉をかけるようにしてください。そうすることで、あなたの印象がその人の心のなかに強く残ります。

・人の感情に対するセンサーが鋭いので、周知の事実になる前に何が起こるかを直感的につかめることがあります。たとえそれが「虫の知らせ」以下のものでも意識的に記録しましょう。後でとても役に立つかもしれません。

キ

・共感するのに言葉が要らないこともあります。その人が安心するのは、しぐさかもしれません。目を合わせたり、ほほ笑んだり、肩を叩いたりするなど、言葉以外のことも使って人を安心させるために、〈共感性〉の資質を使いましょう。

〈共感性〉が高い人との働き方

・同僚がどう感じているかを知りたいときは、この人に助けてもらいましょう。人の感情にとても敏感です。
・特定の行動に関与してもらう前に、その問題についてどう感じるか、他の人たちがどう感じていると思うかをこの人に聞いてみましょう。この人にとって感情は他の実用的な要因と同じくらい重要で、意思決定の際に重んじられるべきものです。
・なぜそうする必要があるのか、従業員や顧客になかなか理解してもらえないときは、この人に助けを求めましょう。彼らが見落としていることを察知できるかもしれません。

競争性

Competition

〈競争性〉の原点は、比較することにあります。世の中を見渡すとき、あなたは直感的に他人の業績に気づきます。彼らの業績は究極の評価基準となります。あなたがどれほど頑張ったとしても、あなたの目的がどれほど価値のあるものであろうと、そしてたとえ自分の目標を達成していたとしても、競争相手を超えていなければ、その成果が無意味に感じられるのです。競争するためには相手が必要です。そしてあなたは比較を必要としています。比較できれば競争することが、競争できれば勝つことができるからです。そしてあなたが勝利を手にしたとき、それに勝る喜びはありません。あなたは数値で測ることを好みます。それは比較を可能にするからです。あなたは競争相手を好みます。なぜなら彼らはあなたを奮い立たせるからです。あなたはコンテストが好きです。なぜならコンテストには必ず勝者がいるからです。特に、勝つ可能性が高いとわかっているときほど、あなたはコンテストを望みます。あなたは負けたときは平静を保ち、競争相手には礼儀正しくしますが、単に楽しむためだけの競争はしません。勝つために競争するのです。長い目で見ると、勝つ見込みがなさそうな場合は、コンテストを避けるよう

キ

になるでしょう。

〈競争性〉が高い人たちの声

マーク・L（セールス幹部）「これまでの人生、ずっとスポーツをやってきたけれど、ただ楽しむためではありません。負けるのではなく勝てるスポーツに取り組むことが好きなのです。負けると表面上は礼儀正しくするかもしれませんが、内心では腹わたが煮えくりかえります」

ハリー・D（ゼネラル・マネジャー）「私自身は、そんなにすごい乗り手ではないけど、アメリカズカップが大好きなんだ。どちらのヨットもまったく同じで、クルーは一流選手だけれども、勝者は必ず一艇だ。二艇のうち一艇は、バランスを微妙に傾ける何か秘訣を持っていて、たいていはそれが彼らを勝利に導くんだ。その、ほんのちょっとの優位な何か、それこそが私の探しているものなんだよ」

サムナー・レッドストーン（バイアコム〈現CBS放送〉会長）CBS放送を買収したときのことに触れて「バイアコムは戦う価値のある会社だったし、私は競争は好きだからずっと楽しめたよ。もし競合がいる大きな戦いに関与したら、ストレスからは逃れられない。最終的な勝利から真の満足感と喜びを得られなければやっていられないよ。バイアコムのような会社を掌握するための格闘は、まさに戦争だった。このことから私は、大事なのはお金じゃなくて勝ちたいという気持ちなんだ、ということを学んだ」

行動アイデア

・自分の成果を測ることができる環境を選びましょう。競争なしでは自分の可能性を見出すことができないかもしれません。

・現状を確認するために毎日、自分の仕事ぶりや成果にスコアをつけましょう。あなたは何に注力すべきでしょうか。

・自分のスコアよりも高い成果をあげている人を特定しましょう。ひとりでもいるなら、いま競争している人たちをすべてリストアップしてください。測定できなければ勝ち負けがわかりません。

・ありきたりの業務を「競争ゲーム」にすると、この方法でより多くのことを終わらせることができるでしょう。

・競争に勝ったときは、なぜ勝つことができたのか時間をかけて検証しましょう。あなたは敗北よりも勝利からより多くのことを学びます。

キ

・競争的であることは他の人たちをやりこめるためではないことを周囲にわかってもらってください。優秀で強いライバルに挑戦して勝つことで充足感が得られるのだと説明しましょう。

・「レーダーチャート」――自分のパフォーマンスをあらゆる角度でモニターする測定システムを開発しましょう。自分がこれまでに達成した記録に挑むときでもこの測定基準は、パフォーマンスのあらゆる側面に注意を払うのに役立つでしょう。

・人と競争しているときには、その分野におけるいまのあなたよりも少し上のレベルの人と比べて成長する機会を持ちましょう。〈競争性〉の資質は、彼らを超えるためにスキルや知識に磨きをかけようとするあなたの背中を押します。あなたよりもレベルが1~2段階上の人を探して手本としましょう。

・勝利を祝福する時間を設けてください。あなたの世界では祝福なしの勝利などありえません。

・勝負に負けたときの精神的な対処法を考えておきましょう。そうした対処法を準備しておくと、次の挑戦にずっと早く取りかかれます。

〈競争性〉が高い人との働き方

・この人に対しては競争的な言葉を使いましょう。この人にとって世界は勝つか負けるかです。目標達成は勝利を、目標未達は敗北を意味します。

・この人が勝てる場所を探しましょう。負け続けるとやめてしまうかもしれません。この人が重要な試合に臨むのは楽しむためではないことを覚えておきましょう。この人は勝つために参戦しているのです。
・勝負に負けたら、しばらくのあいだは落ち込んでいるかもしれません。その間はそっとしておきましょう。そして、すぐに別の勝てる機会に取り組ませましょう。

キ

規律性

Discipline

あなたのまわりのことは、すべて予期できる必要があります。何事も秩序正しく計画される必要があります。そのため、あなたは本能的に自分のまわりのことを秩序立てています。毎日の日課を決めます。あなたは物事の進捗状況と締め切りに気持ちを集中します。長期的なプロジェクトは連続性のある具体的な短期計画に分割し、ひとつひとつの計画をきちんと実行していきます。あなたは必ずしも几帳面できれい好きでもありませんが、決めたことが完璧に完了されることを求めています。人生には必ず混乱がついてまわりますが、それに直面したとき、あなたはその状況をコントロールしていると感じたいのです。日課や進捗状況、予定表、これらすべてが、この状況をコントロールしているという感覚を生み出しています。この規律性という資質を持っていない人たちは、あなたの秩序正しくしたいという欲求にイライラすることがあるかもしれません。しかし、衝突を避けることはできます。あなたは、誰もがあなたのように何でも予測できることを望んでいるわけではない、ということを理解しなければなりません。彼らは物事を達成する他の方法を持っているからです。さらにあなたは、あなたが秩序を必要としていることを彼らに理解させ、さらにはその価値を認めさせることさえできるのです。予想外の出来事に対する嫌悪感や誤りに対する苛立たしさ、いつもの手順、細部まで突き詰める傾向がどれも人の行動を制限しようとする命令的な振るまいだと誤解されてはなりません。むしろ、これらの行動は、毎日の生活で起こる障害に直面したとき、あなたの前進と生産性を維持するための本能的な生き方であると理解されるべきなのです。

〈規律性〉が高い人たちの声

レス・T（接客業マネジャー）「数年前に参加した時間管理の講座が転機となりました。それまでも規律正しいほうでしたが、整理されたプロセスのなかで日々それをどう使うかを学び、その力が増しました。この小さな電子手帳のおかげで、ここ1カ月は忘れずに毎週日曜日に母へ電話をかけています。また、妻から言われる前に毎週、彼女をディナーに連れていっています。部下たちは、私が頼んだ月曜日締め切りの仕事ができていなければ、私が電話してくることを知っています。電子手帳は私の生活の一部になっているのです。スマホがお尻に収まるように、すべてのズボンのポケットを大きくしました」

トロイ・T（セールス担当重役）「私の書類整理の方法は見た目はよくないかもしれませんが、とても効率的です。全部手書きなのは、お客様が見ることはないからです。きれいにみせるために時間を使う必要はないでしょう？　セールスマンとしての私の人生はデッドラインとアフターケアが基本ですが、自分だけでなく顧客と同僚にまで責任を持てるようにすべての記録をつけるのが私のやり方です。期限までに連絡がなかったらメールを送ります。実際、『折り返し電話をしたほうがよさそうね。だって、私が連絡しなかったら、あなたのほうからかかってくるに違いないから』と言われました」

ディードル・S（オフィス・マネジャー）「時間をムダにするのが嫌いだから、私はリストをつくるんだ。物事を順調に進めるための長いリストをね。今日のリストには90項目載っていて、そのうちの95％は達成できる見通しです。そして、これこそが規律正しさです。誰にも私の時間を邪魔させないから。決して失礼なことはしないけど、とても気の利くユーモアに富んだ方法で、あなたの時間はおしまい、と伝えられます」

行動アイデア

・物事が正しく行われているか、遠慮せず確認していいのです。あなたはそうせずにはいられません。そのうちに人は、あなたにその役割を期待するようになるでしょう。

・間違いがあなたを落ち込ませることを受け入れてください。正確さは、あなたという人の核なのです。と同時に必要以上に落ち込まないよう、こうした不快な瞬間から立ち直る方法を見つけましょう。

・人はあなたほど規律的ではないことを認識しましょう。多くの場合、彼らの無秩序なやり方があなたを苛立たせるかもしれませんが、そこから視点をそらし、過程ではなく結果に着目するようにしましょう。

・正確さはあなたの長所です。あなたは詳細に調べるのが大好きなのです。契約書や重要なやりとり、財務書類に間違いがないか精査する機会を探しましょう。あなたのおかげで、あなた自身やあなたの周囲にいる人たちが重大な間違いをおかしたり愚かな行為をしなくて済みます。

・効率性を高めることも、あなたの特質のひとつです。あなたは真の完璧主義者なのです。非効率なために時間やお金がムダに使われている状況を見つけてください。効率性を改善するために、仕組みや手順を整備しましょう。

・秩序が好きなあなたは、きれいに整頓された空間を心から望んでいるはずです。「すべての物に定位置があり、すべての物が定位置にある」ようにするために、あなたの〈規律性〉を存分に発揮して、会社の備品を購入したりシステムに投資したりしましょう。

・行動計画表があなたをやる気にさせます。何か完遂しなければならない業務があるときには、期限があることを好むでしょう。その期限に沿ってスケジュールを組み立てることができるからです。〈規律性〉を段階的な計画の大枠を決めるために使いましょう。皆の任務を進めるのにも役立ち、感謝されるでしょう。

・人はあなたが持つ〈規律性〉の融通のなさに驚くかもしれません。しばしば時間の使い方に優先順位をつけるために、より効率的にその日の仕事を詰め込もうとすることを皆に理解してもらいましょう。規律的でない人たちと一緒に働くときには、期限を明確にしてもらいましょう。そうすることで、彼らの要求に応えるための仕事量を調整することができます。

・明確なルールや取り決めがなされた役割や責務につきましょう。

・体系的にやり通さなければいけないことをルーティン化しましょう。あなたが予測したそのやり方にいずれ皆が感謝するでしょう。

〈規律性〉が高い人との働き方

・この人と一緒にプロジェクトを進めるときは必ず前もって期限を知らせるようにしましょう。

予定より早く仕事を終わらせようとするので、あらかじめ期限を伝えておかなければ遂行できません。
・計画や優先順位を突然変更して、この人を驚かさないようにしましょう。ハプニングが起こることを苦痛に感じます。この人の1日を台無しにしてしまうでしょう。
・この人は乱雑な状態にとても苛立ちます。物理的に散らかった環境で長く耐えられると思ってはいけません。

キ

原点思考

Context

あなたは過去を振り返ります。そこに答えがあるから過去を振り返ります。現在を理解するために過去を振り返ります。あなたの見方からすると、現在は不安定で訳のわからない喧騒が入り乱れています。現在が安定を取り戻すには、過ぎ去ったとき、つまり計画が立てられたときに心を向けてみる以外に方法はありません。過去は現在よりわかりやすく、計画の原型がつくられたときです。振り返ると計画の原型が浮かび上がってきます。そしてあなたは初めの意図が何だったのかを知ります。この原型あるいは意図はあまりにも飾り立てられてしまって、本来の姿がほとんど認識できなくなっていますが、この原点思考という資質によってこれらが再び現れます。このようにして原型や意図を理解することは、あなたに自信を与えます。あなたはもともとの考え方を知っているので、もはや方向を見失うことなく、より適切な判断を下すことができます。仲間や同僚がどのようにしていまのようになったかを知っているので、あなたはよりいっそう彼らの良きパートナーとなります。過去に蒔かれた種を理解しているために、あなたは自然に将来をよく見通すことができるようになります。初対面の人や新しい状況に直面するど慣れるのにある程度の時間を要しますが、そうした時間をとるように心がけなければなりません。原型が表面に浮かび上がるような質問を必ずするように心がけなければなりません。なぜならば、状況がどうであれ、過去の原型を見たことがなければ、自分の決断に自信が持てないことになるからです。

〈原点思考〉が高い人たちの声

アダム・Y（ソフトウエア・デザイナー）「よく部下に『ヴュジャ・デは避けよう』って言うんだ。彼らは『それ間違ってない？　デジャ・ヴュ（既視感）じゃない？』と言う。だから私は言うんだ。『違う。ヴュジャ・デとは、見慣れたものをあたかも初めて見ているかのような感覚を表した造語で、過去の間違いを繰り返すのにとりつかれていることだ。それは避けなければいけない。過去を振り返って過ちの原因を知り、二度と起こさないようにするんだ』って。当然のように聞こえるかもしれないけれど、ほとんどの人は過去を振り返ったり、それが当然だとは思ったりしない。そうして、また、ヴュジャ・デを繰り返すんだ」

ジェシー・K（メディア・アナリスト）「私には共感性がほとんどないので、その人がどんな感情を抱いているかを見抜いて人と接することはしません。代わりに、彼らの過去を通じてかかわります。実際に、彼らがどこで育って、両親がどんな人で、大学で何を専攻したかなどがわかるまでは、その人を理解することができないのです」

グレッグ・H（経理マネジャー）「最近、オフィス全体の経理システムを新しくしたんです。これがうまくいった理由は私が彼らの過去に敬意を払ったからです。経理システムは、それをつくった人たちの血や汗、涙で構築されています。つまり、彼ら自身なのです。彼らはそれを自分と同一視しています。だから、もし私が入っていって何気なく『これを変えます』と言うのは、『あなたの赤ちゃんを預かります』と言うのと同じくらいのことなのです。私はこうした結びつきや歴史に敬意を払わなくてはなりませんでした。でなければすぐに拒否されたでしょう」

行動アイデア

・プロジェクトで計画を立てる前に、過去のプロジェクトについても皆に知ってもらいましょう。「過去から学ばない者は、同じことを繰り返す運命にある」ことを理解してもらいましょう。

・もし人に教える立場についているなら、ケース・スタディーを中心とした授業をしましょう。あなた自身は適切な事例を探すのに喜びを感じ、学生たちは先例から学べます。過去に対するあなたの理解は人が未来図を描くことにも役立ちます。

・職場で語り継がれている話はないでしょうか。それを通じて組織文化を高めることができます。たとえば、過去最高の事例を象徴する話を集めたり、会社の歴史的な伝統を体現する人物の名前を冠した賞を提案したりするのもよいでしょう。

・〈未来志向〉か〈戦略性〉の高い人とパートナーを組みましょう。「～になるかもしれない」ということに対する彼らの強い関心は、あなたが過去に埋没するのを押しとどめます。と同時に物事の背景に対するあなたの深い理解が、彼らの目を過去から学んだ教訓へと向けさせるでしょう。一緒に働くことで、より持続性のあるものを生み出すことができるでしょう。

・変化を受け入れましょう。〈原点思考〉の資質が高いからといって、あなたは「過去に生きる」ことを求めているわけではありません。むしろ、積極的な変化を担う人として知られることができます。その背景にあった出来事に対する鋭い感覚によって、切り捨てることができる過去と永続的な未来を築くために保持されなければならない過去を区別できるはずです。

・将来「何ができるか」を人々が鮮やかに描けるように、これまでの成功を事実に基づいて比べてみましょう。現実に基づいたあなたの説明が人々の自信とやる気を生み出すでしょう。

・将来の行動を予測するための最高の判断材料は過去の行動である、とあなたは認識しています。友人や同僚たちのどんな行動がいまの彼らの成功をもたらしたのかを調べることで、彼らが将来よりよい選択をするのを助けることができます。彼らの意思決定を全体の流れのなかに位置づけることができるのです。

・歴史小説やノンフィクション、伝記などを読みましょう。いまを理解するための多くのヒントが得られるかもしれません。より明瞭に考えることができるようになるでしょう。

・あなたがいま直面している問題と過去の事例や状況を比べてみましょう。何か共通するものが特定できれば、新たな視点やその問題に対する答えが見つかるかもしれません。

・歴史観のある人をメンターに選びましょう。彼らの思い出を聞いていると、ひらめくものがあるはずです。

〈原点思考〉が高い人との働き方

・会議では、これまで何をやって何がわかったのか、いつもこの人に振り返ってもらいましょう。この人は決定に至るまでの経緯を皆にわかってもらおうとするでしょう。

・この人は「似たような状況だったのはいつか」「何をしたか」「何が起こったか」「何を学んだか」というふうに事例と関連づけて考えます。特に、逸話や事例が必要なとき、この人の資質は皆が学ぶのに役立ちます。

・この人に新しい同僚を紹介するときには、仕事の話をする前に、まずは自身の経歴について話してもらうよう彼らにお願いしましょう。

公平性

Consistency

あなたにとってバランスはとても大切です。あなたは地位とは関係なく人々を平等に扱う必要性を強く信じています。ですから、あなたは誰かひとりが特別扱いされることを望みません。あなたはこのようなことが利己主義や個人主義につながると考えています。それは、一部の人がコネや出自、わいろによって、不公正な利益を得るような世の中につながります。これはあなたが心から嫌悪していることです。あなたは自分自身をそんな状況をつくらないための監視役だと考えています。このような特権がまかり通る世の中とは対照的に、あなたは規則が明確で誰にでも平等に適用される公平な環境で、人々は最高の働きをすると信じています。それは、人々が何を期待されているかをわかっている環境です。それは予測が可能で公正な環境です。これこそ公平さです。このような環境でこそ、人は自分の価値を発揮する公平な機会を持つのです。

コ

〈公平性〉が高い人たちの声

サイモン・H（ホテル総支配人）「駐車場を不正利用したり、お客様が待っているのに自分の立場を利用してゴルフの予約を取ったりしないようにと、よくシニア・マネジャーたちに釘を刺しています。私がそうしたことに関心を持つのを彼らは嫌っていますが、私は特権を悪用することが許せないタイプの人間なのです。同時に、パートタイムの従業員たちともかなりの時間を過ごしています。彼らにはとても敬意を払っています」

ジェイミー・K（雑誌編集者）「私はいつも弱い立場の人を応援しています。自分ではどうすることもできない暮らし向きの良しあしで公平に扱われないことに耐えられません。これを何とかしようと母校に奨学金を創設することにしました。条件付きですが、ジャーナリズム専攻の学生が大学への授業料を払い続けなくても、現実の世界でインターンシップに参加できるようになるのです。その点では、私は恵まれていました。NBCがニューヨークで行ったインターンに参加したときも、親が費用を払ってくれました。それができない家庭もあったと思いますが、誰もが同じ機会を得るべきです」

ベン・F（オペレーション・マネジャー）「功績があるところに必ず称賛を与える。これが私のモットーです。部下が考えたアイデアを会議で披露するときには、必ずその人のアイデアであることを公言します。なぜか。私の上司はいつも私にそうしてくれたし、これが公平で適切なやり方だと思うからです」

行動アイデア

・あなたが許容できる公平性の基準を書き出してみましょう。それらは、あなたが持つ特定の価値観や「妥協できない」と考える方針がもとになっているかもしれません。なんとなくではなく、これらの基準をはっきり認識していればいるほど、その境界線の内側であなたは自分らしく快適にいられるでしょう。

・条件を平等にするための原動力となる職務を探しましょう。職場でもコミュニティでも、不利な条件下に置かれた人たちに本来の力を発揮する機会を提供するリーダーとなるでしょう。

・あなたは真の功績に値する人が誰かわかる人だ、という評価を育てましょう。本当に仕事をした人が必ず尊敬されるようにするのです。あなたは組織やグループの良心として知られるようになるでしょう。

・規則を順守するよう求める立場にある任務を探しましょう。規則を破ったり、不公正に利益を得るために「ことを円滑に」進めたりしようとする人たちには、いつでも異議を申し立てるつもりでいてください。

コ

・意識を業績に向けることも大事です。〈公平性〉の資質によって、その人がどうやってその仕事をしたかを重視し、その人の功績を軽視してしまうこともあります。
・平等性に価値を置くため、自分に都合のいいように規則を曲げてしまう人への対応に苦労するかもしれません。〈公平性〉の資質によって、規則や方針、手順がどんな場合でも例外なく適用されることを皆にわからせ、その内容をはっきりさせることができます。これらの規則を明確に記すために要綱をつくることを検討してみましょう。
・〈最上志向〉や〈個別化〉の資質の高い人とパートナーを組みましょう。彼らは、人々と個別に対応したほうがよいときを教えてくれます。
・普段から、皆に伝えたいことを説明する練習をしておきましょう。それによって、平等性が保たれ、平和的な規則順守が促されます。
・約束したこととその結果が必ず一致するように取り組もうとするあなたの責任ある態度に、人は感謝するでしょう。抵抗にあっても、信じることのためにいつでも立ち上がりましょう。永続的な利益が得られるでしょう。
・「あまり楽しくない」ニュースを伝えるときに、〈公平性〉の資質を使いましょう。意思決定の背後にある論理的な根拠を正しく理解させることができます。彼らにとっても、あなたにとっても、状況の改善につながるでしょう。

〈公平性〉が高い人との働き方

・この人は予測可能なパターンが続いているときに最も落ち着いて仕事をすることができます。そうしたときに本来の力を発揮できることも自分でわかっています。ですから、何か大きな変化が起きたときには彼をサポートしてあげてください。

・この人には実利的な傾向があります。ブレインストーミングをしたり、長期的な計画を立てたりする抽象的な仕事よりもむしろ、目の前の業務を終わらせたり、意思決定を行ったりする任務を好む傾向があります。

・プロジェクト終了後、メンバーを評価するときには、この人に、ひとりひとりが貢献したことを具体的に挙げてもらいましょう。必ず全員が適切な称賛を受けるようにするでしょう。

コ

個別化

Individualization

〈個別化〉という資質により、あなたはひとりひとりが持つユニークな個性に興味を惹かれます。あなたはひとりひとりの特徴や個性を覆い隠したくないので、人を一般化したり類型化したりすることに我慢できません。むしろ、個人個人の違いに注目します。あなたは本能的にそれぞれの人の性格や動機、考え方、関係の築き方を観察しています。あなたは、それぞれの人生における、その人にしかない物語を理解します。この資質によってあなたは、友達にぴったりの誕生日プレゼントを選んだり、ある人は人前で誉められることを好むが別の人はそれを嫌うことがわかったり、1から10まで説明してほしい人と1を示せば10を知る人に合わせて教え方を調整したりすることができるのです。あなたは他の人の強みをとても鋭く観察する人なので、ひとりひとりの最もよいところを引き出すことができます。この〈個別化〉という資質は、あなたが生産性の高いチームをつくるときにも役立ちます。完璧なチームをつくるにあたり、チームの「組織構造」や「作業手順」に着目する人もいますが、あなたは、優秀なチームづくりの秘訣が、各自が得意なことを十分に発揮できるような強みに基づく配役であることを本能的に知っています。

〈個別化〉が高い人たちの声

レス・T（接客業マネジャー）「カールはわが社で最高の売り上げをあげる接客係のひとりですが、それでも彼は毎週、私と会うことを必要としています。彼はただ、ほんの少しの励ましと干渉を求めているだけで、会った後はちょっとやる気になっていますよ。でもグレッグは、しょっちゅう会うのが好きじゃないんです。だから、邪魔する必要はありません。彼と会うのは私のためで、彼のためではないんです」

マーシャ・D（出版社重役）「ときどき、オフィスの外へ出ると――、なんていうの、よくマンガで登場人物の頭の上に吹き出しがたくさんあるじゃない？　ああいう小さな吹き出しがみんなの頭の上にたくさん出ていて、心のなかを私に語っているのが見えるのよ。変でしょう？　でもしょっちゅう起こるのよ」

アンドレア・H（インテリア・デザイナー）「『どんな内装が好みですか』って聞くと、みんな説明に困るんです。だから、『家で好きな場所はどこですか』って聞くんです。そうすると、みんな顔を輝かせて、何を話せばいいかわかるんです。その場所から私は、その人がどんな人でどんな内装が好みかをまとめられるのです」

行動アイデア

・〈個別化〉の資質を発揮でき、かつ感謝される職を選びましょう。たとえば、カウンセリングやアドバイザー、教職、人間的興味をそそる記事の執筆、セールスなどです。人を個性のある一個人としてとらえるあなたの能力は特別な才能です。
・自分自身の強みとスタイルを描写できる達人になりましょう。たとえば、以下のような質問を自分にしてみましょう。いままで受けた最高の称賛は何でしたか。上司からはどのくらいの頻度でチェックされたいですか。人間関係を築く最善の方法は何ですか。最も効果的な学習方法は何ですか。そして、同じ質問を同僚や友人にしてみてください。彼らが自分の強みを起点に、そして最も得意なことを基盤として未来を設計するのを助けるでしょう。
・真の多様性は、人種や性別、国籍に関係なく、それぞれの人のあいだの微妙な違いにあることを皆に気づかせましょう。
・ひとりひとりに合わせて異なる方法で対応することが、適切で、公正で、効果的であることを説明しましょう。〈個別化〉の資質があまり高くない人は、個々人のあいだの違いがわからず、そうした個別の対応は不平等で不公平だと主張するかもしれません。そんなときは、あなたの見解を詳細に説明する必要があります。

・チームの各メンバーが最も得意とすることを見極めましょう。そして、彼らの才能やスキル、知識を活用しましょう。なぜその人にその役割を任せるのか、あなたの根拠と哲学を説明してください。あなたが心から彼らのためを思っていることに皆気づくはずです。

・あなたは他の人たちの好きなことと嫌いなことに気づき、理解し、ひとつの個性としてとらえることができる能力を持っています。それは誰にでもできることではなく、あなたを特別な存在にします。ひとつの決まった型が全員にあてはまることのない分野を特定するために、〈個別化〉の資質を使いましょう。

・必要なものが人によって違うことを、同僚や友人に気づかせましょう。彼らをやる気にさせるものは何か、またその行動について、人々があなたに説明を求めるようになるでしょう。

・あなたの話す話題が聴衆のなかの誰かの経験とつながったとき、あなたのプレゼンテーションやスピーチは最も人の心をつかむでしょう。一般的な情報や理論よりも、実生活に基づいた話を集めて皆と共有するために〈個別化〉の資質を使ってみてください。そのほうが説得力を持つでしょう。

・あなたは、さまざまなスタイルや文化のあいだを何不自由なく動きまわり、直感的に相手に合わせて交流することができます。多様なグループやコミュニティの活動を率いるとき、意識的かつ積極的にこの資質を使ってみてください。

・〈個別化〉の資質により、あなたは人とは異なるアプローチでデータを解釈することができるはずです。人が類似性を探していたら独自性を重視してください。あなたの解釈は貴重な視点をもたらすでしょう。

〈個別化〉が高い人との働き方

・ある人の示した見解がわかりにくいときには、この人の洞察力を頼りましょう。その人たちの視点に立った価値観を示してくれます。

・人とは違う自分の才能や大勢のなかから傑出する方法を知りたければ、この人の考えを聞いてみましょう。

・同僚とのあいだで問題が起きたら、この人と話し合ってみましょう。この人には、あなたと同僚がそれぞれとるべき適切な行動が直感的にわかります。

コミュニケーション
Communication

あなたは、説明すること、描写すること、進行役を務めること、人前で話すこと、書くことが好きです。これには、あなたの〈コミュニケーション〉の資質がよく現れています。アイデアは乾いた種に過ぎません。事実はそのときどきに起こったことに過ぎません。あなたは、それに命を吹き込み、活力を与え、刺激的でいきいきとしたものにしなければならないと感じます。そこであなたは、「単なる事実」を「物語」に転換させて、それを上手に語ります。単なる「アイデア」を取り上げ、イメージと具体例と比喩を使っていきいきとさせます。あなたは、たいていの人はひとつの事柄に対して長く関心を寄せ続けることが難しいと思っています。彼らは情報の洪水に見舞われていますが、そのほとんどは頭に残っていません。ですからあなたは自分が伝えたい情報を、それがアイデアであろうと事実であろうと、製品の特性や特徴、何かの発見あるいは教訓であろうと人々の心に残したいと考えます。あなたは彼らの関心を自分に向けさせ、とらえて放さないようにしたいと思っています。あなたが最適な言い方を探そうとするのは、このためです。あなたがドラマチックな言葉や力強い言葉の組み合わせを使おうとするのは、このためです。人々があなたの話を聞きたがるのは、このためです。あなたの言葉で描かれたイメージは彼らの興味をそそり、彼らの見方を刺激して行動へと啓発するのです。

〈コミュニケーション〉が高い人たちの声

シーラ・K（テーマパーク・ゼネラルマネジャー）「実際にあった話をするのが、私の言いたいことを理解してもらう一番よい手段です。昨日は、私たちが来園者たちに与えられる影響を伝えたかったので取締役会でこんな話をしました。女性従業員のひとりが、復員軍人の日にテーマパークで行われた国旗掲揚セレモニーに父親を連れてきました。第二次世界大戦で負傷し、めずらしい癌にかかって何度も外科手術を受けていた彼には死期が迫っていました。セレモニーが始まり、従業員のひとりが観客に向かって『こちらの方は第二次世界大戦の退役軍人です。皆さん拍手をお願いできますか』と語りかけると皆がいっせいに拍手し、娘は泣き出しました。彼は帽子をとったんです。戦争と手術による傷のせいで決して帽子をとることはなかったのに、国歌の演奏が始まると帽子をとって黙礼したんです。後で彼女は父親にとってここ数年間で最高の日になったと言ってくれました」

トム・P（銀行幹部）「最近来たお客様はインターネット銘柄株への資本の流れは一時的な局面にすぎないと思っていました。私は彼の考えを変えようと議論を試みましたが、説得できませんでした。頑なになっていたのかもしれません。否定的なクライアントに直面したときによく使う手なのですが、最後にたとえ話をしました。私は彼に、あなたは海に背を向けて波打ち際に座っている人のようだと話したんです。インターネットは急速に満ちてくる潮のようなものです。いまがどんなに快適であっても、打ち寄せる波とともに潮は満ちて、すぐにそれがあなたの頭を覆い、飲み込んでしまうでしょう。彼はわかってくれました」

マーグレット・D（マーケティング担当重役）「かつて読んだスピーチの本は私に2つのことを提案してくれました。ひとつは、あなたが夢中になっていることだけを話すこと。もうひとつは、いつも個人的な事例を用いることでした。すぐにそれを取り入れたんです。子どもも孫も夫もいるので、たくさんの話題が見つかりました。そして、そうした個人的な経験をもとに話を組み立てるようになりました。誰にでも同じような経験がありますからね」

行動アイデア

・あなたは人の関心を惹くことが求められる任務を常にうまくこなします。教職やセールス、マーケティング、官僚、またはメディアといった職業を考慮に入れましょう。あなたの〈コミュニケーション〉は、そうした分野で活躍するでしょう。
・共鳴する話や言葉を集めましょう。たとえば、感動した記事を切り抜いたり、影響力のある言葉の組み合わせを書き出したりします。そうした話を伝えたり、声に出したりする練習をしてみましょう。実際に自分が話す声を聞くのです。繰り返し行ってください。
・人前で発表をするときは、聴衆に注意を払ってください。発表している最中に彼らの反応を観察するのです。ある箇所で特に人々を惹きつけていることに気づくでしょう。発表後は、聴衆を惹きつけた瞬間を振り返る時間を持つようにしてください。それを中心にして次回のプレゼンを組み立てましょう。
・練習しましょう。即興もある程度は人を惹きつけますが、一般的には話し手が方向性を理解してきちんと組み立てた話に聴衆は最も反応します。直感ではなく、準備をすればするほど本番ではより自然にアドリブが出てくるでしょう。
・あなたにとって最高の聴衆と観客は誰でしょうか。最高のコミュニケーションを引き出してくれる聞き手を特定しましょう。なぜ、彼らと一緒、あるいは彼らに対してだと、うまくいくのでしょうか。理由を知るために彼らをよく分析し、これからパートナーや観客となる人たちのなかにもそれと同じ特徴を見出しましょう。
・賢い言葉の使い方をしましょう。言葉は重要な「通貨」です。賢く使ってその影響力を観察しましょう。

・〈コミュニケーション〉の資質は、メッセージに内容が伴って初めて効果を発揮します。才能だけに頼らず、知識や専門性も身に付けて、強みのレベルまで高めましょう。

・あなたには仲間や同僚たちとの会話を盛り上げる天賦の才能があります。会議で出た複数の要点をまとめ、それぞれの意見のあいだに共通点があるかどうかを皆に考えさせて合意を導くために〈コミュニケーション〉の資質を使いましょう。

・書くことが好きなら作品を出版しましょう。人前で話すのが好きなら会議や学会で発表しましょう。〈コミュニケーション〉の資質は、アイデアを組み立てて目的を説明するための最適な方法を見出すのに役立ちます。あなたは、考えを人と共有することが好きなのです。声やメッセージを届けるために一番適した媒体を見つけましょう。

・報告する機会があれば、その役を買って出ましょう。自分の考えや願望を人々の心に響く方法で伝えるにはどうしたらいいのか。あなたは、そうしたヒントを与えられる人として知られるようになるかもしれません。

〈コミュニケーション〉が高い人との働き方

・この人にとって会話を広げることは簡単です。顧客や見込み客をもてなすための懇親会やディナー、イベントなどには、この人を呼びましょう。
・この人がどんな人生を送り、どんな経験を積んできたかをじっくり聞いてみましょう。この人は語ることを、あなたは聞くことを楽しむでしょう。それにより関係がぐっと近づきます。
・会社の行事についての計画はこの人と一緒に立てましょう。エンターテインメント性とイベントのメッセージ性の両面からよいアイデアを出してくれるでしょう。

最上志向

Maximizer

優秀であること、平均ではなく。これがあなたの基準です。平均以下の何かを平均より少し上に引き上げるには大変な努力を要しますが、あなたはそこにまったく意味を見出しません。平均以上の何かを最高のものに高めることも、同じように多大な努力を必要としますが、はるかに胸躍ります。自分自身のものか他の人のものかにかかわらず、強みはあなたを魅了します。真珠を追い求めるダイバーのように、あなたは強みを示す明らかな徴候を探し求めます。生まれついての優秀さ、飲み込みの早さ、一気に上達したスキル、これらがわずかでも見えることは、強みがあるかもしれないことを示す手がかりになります。そして、いったん強みを発見すると、あなたはそれを伸ばし、磨きをかけ、卓越したレベルまで高めずにはいられません。あなたは真珠が光沢を帯びるまで手助けするのです。この長所を自然に見分ける力は他の人たちから、人を区別していると見られるかもしれません。あなたは、あなたの強みを高く評価してくれる人たちと一緒に過ごすことを選びます。同じように、自分の強みを発見し、それを伸ばしてきたと思われる人たちに惹かれます。あなたは、あなたを型にはめ、弱点を克服させようとす

サ

る人々を避ける傾向があります。あなたは自分の弱みを嘆きながら人生を送りたくありません。それよりも、持って生まれた天賦の才能を最大限に利用したいと考えます。そのほうが楽しく実りも多いのです。そして意外なことに、そのほうがもっと大変なのです。

〈最上志向〉が高い人たちの声

ギャビン・T（**客室乗務員**）「エアロビクスのインストラクターを10年やっていたんですが、生徒たちには必ず自分の身体の好きな部分に着目するように指導してきました。皆、誰しも変えたい部分や違って見せたい部分があるものだけど、そこに着目するのは何の得にもなりません。悪循環に陥ります。だから『いいかい、そうする必要はないんだ。代わりに自分の好きな部分に着目しよう。そうすれば力がみなぎって気分もよくなるよ』と言ってきました」

エミー・T（**雑誌編集者**）「ひどい記事を手直しすることほど嫌いなことはないわ。ライターにはっきり意図を伝えたのに完全に見当違いの記事が出てくると、コメントを書く気にもなれないの。彼女につき返して、『初めからやり直して』って言いたくなる。逆に、もうほとんど完璧で洗練させるだけの編集は大好き。ここをもっと適切な言葉に変えて、ここをちょっとだけ削ると突然すばらしいものに化けるのよ」

マーシャル・G（マーケティング担当重役）「私は目標を定めて皆で一緒に前進するチーム・スピリットを築き上げるのが得意です。しかし、戦略的な思考は得意ではありません。上司は私のことをよくわかっています。彼とはかなり長いあいだ一緒に働いてきましたから。彼は戦略的役割を担う人を他に見つけ、私がチーム・ビルディングの役割にもっと集中できるようにしてくれました。こんなふうに考えてくれる上司を持って本当に幸せです。私が何を得意としていて何を不得意としているかを上司がわかっていると安心していられるし、もっと早く仕事を片付けようという気になります。不得意な仕事は与えられませんからね」

行動アイデア

・人の成功を助ける職務を探しましょう。コーチングやマネジメント、メンタリングをしているとき、人に教えているとき、強みに着目するあなたは、人々に利益をもたらしている自分に気づくでしょう。多くの人にとって自分の得意なことを見つけるのは難しいことなので、詳細に説明をして、彼らの優秀な能力に気づかせることから始めてください。

・あなたやあなたのまわりの人たちのパフォーマンスを測る方法を考え出しましょう。測定することで強い部分がはっきりわかります。強みをあぶり出す最善の方法は、常にすばらしいパフォーマンスを発揮している状態を見つけることだからです。

・ひとたび、あなた自身の一番の才能を発見したら、それに重点的に取り組んでください。スキルを磨きましょう。新しい知識を得ましょう。練習しましょう。いくつかの分野でその才能が強みになるように研鑽しましょう。

・あなたにとって一番の才能を仕事以外でも使う計画を立てましょう。そうすることで、その才能があなたの人生に課された役割とどう関係しているのか、どう家族やコミュニティの役に立つのかを考えるのです。

・問題を解決するという仕事が、あなたの熱意とやる気をそいでしまうかもしれません。トラブルシューティングや問題解決が得意な〈回復志向〉のパートナーを探しましょう。あなたの成功にとっていかに必要な人であるか、その人に伝えてください。

・成功から学びましょう。強みに目覚めた人とゆっくり時間を過ごしましょう。強みを活かすことがいかに成功につながるか、それを理解すればするほど人生により多くの成功をもたらすことができるでしょう。

・なぜあなたが弱点を治すことよりも、すばらしい才能を磨くことに時間をかけているのか、その理由を人に説明しましょう。そうしないと、自己満足のための行動だと誤解される恐れがあります。

・あなたが持っている〈最上志向〉の資質を、「壊れているものを探して直せ」という社会通念で抑圧してはいけません。組織やコミュニティのなかで機能している箇所を特定し、そこに力を注ぎましょう。あなたの能力のほとんどを卓越した部分の構築と拡大に費やしてください。

・長期的な人間関係と目標に焦点を定め続けましょう。多くの人は短期的成功という手に取りやすい位置にある果実を摘むことからキャリアを構築しますが、あなたの〈最上志向〉の資質は、トップクラスにある可能性を真の永続的な宝に変えるときに最も活発になり、有効に働きます。

・あなたの弱点を最小化する方法を考えましょう。たとえば、パートナーを見つける、弱点を支援する仕組みをつくる、自分の高い才能で弱い才能を補う、などです。

〈最上志向〉が高い人との働き方

・この人は、すでに機能しているものを最大限に活用する方法を見つけることに関心を持っています。壊れたものを修正することには関心がありません。可能なら、常に問題修復が要求される仕事にはつかせないようにしましょう。代わりに、ベストプラクティスを見つけなければならないときに助けてもらいましょう。

サ

・あなたの強みに着目してくれる人がまわりにいなければ、この人と一緒に過ごすようにしましょう。この人には優秀なものを探り当てる生来の力があります。あなたが得意なことに磨きをかけるのを助けてくれるでしょう。

・この人は、あなたに自分の強みをわかっていてほしい、そしてそれを評価してほしいと思っています。もしあなたがこの人の弱点に着目しすぎると不満をつのらせてしまうでしょう。

自我

Significance

あなたはとても意義のある人間として他人の目に映りたいと思っています。正確に言えば、あなたは認められたいのです。聞いてほしいのです。傑出したいのです。知られたいのです。特に、あなた独自の持ち前の強みで人に知られ、評価されたいと思っています。信頼でき、プロフェッショナルであり、そして成功している人として尊敬を受けたいと感じています。それと同じように、信頼でき、プロフェッショナルで、成功している人と働きたいのです。もしそういう人でないと、あなたは彼らがそうなるまで圧力をかけるでしょう。そうならなければ、あなたは彼らを置いて先へ進むでしょう。独立心旺盛なあなたは、仕事を単なる業務ではなく、自分の生き方そのものにしたいと考えています。そして、その仕事を好きなようにやらせてほしいし、自分のやり方でやるための余地を与えてほしいのです。この情熱は非常に強く、それに突き動かされてあなたはこれらを実現しようとします。ですからあなたの人生は、強く求める目標や成果、資格であふれています。何に目標を定めているかは人によって異なります。しかし、それが何であれ、あなたの〈自我〉という資質は、平凡から優秀な状態へとあなたを向上さ

シ

せ続けます。これが、あなたをより向上させ続けている資質なのです。

〈自我〉が高い人たちの声

メリー・P（ヘルスケア会社重役）「女性だと初日から『高慢になるな。偉そうにするな』などと言われることがあります。でも私は、女性が権力や誇り、大きな自尊心を持ってもいいとわかりました。そして、それをうまくマネジメントして正しい方向へ導く必要があることもわかりました」

キャシー・J（法律事務所共同経営者）「物心ついたころから私は特別で、リーダーシップを発揮して物事を実現できそうな気がしていたんです。60年代、会社で初めて共同経営者になりました。どの役員室に足を踏み入れても私が唯一の女性だったことをいまでも覚えています。思い返すとおかしいです。きつかったけれど、目立つプレッシャーを楽しんでいたと思います。私は『女性』共同経営者であることを楽しんでいたのです。だって皆、絶対忘れないでしょう。誰もが私に気づき注目しているのが、わかっていましたから」

ジョン・L（医師）「人生ずっと舞台に立っている気分です。いつも観客を意識しているんです。患者さんと向かい合ったら、これまで出会ったなかで最高の医者だと彼には思ってほしい。医学部の学生たちに教えるときには、彼らが出会った最高の教育者として突出した存在でありたい。最優秀教育者賞を獲得したい。上司も大事な観客です。彼女を失望させてしまったら私は打ちのめされるでしょう。自尊心の一部が他人の手に握られているなんておそろしいことです。でも、そのおかげで私は注意深くいろいろなことに気を配っているのです」

行動アイデア

・課題や行動を自分で決められる仕事や役割を選びましょう。独立性に伴うリスクも楽しめるでしょう。
・あなたにとって評価はとても重要です。どんな評価を受けたいのか、どう気を配ったらよいのかを細部に至るまで想定しておきましょう。たとえば、あなたの信頼度を上げる資格を特定してそれを取得したり、知名度を上げる記事を書いたり、あなたの業績を評価するグループの前でスピーチしたりする、などです。
・あなたの夢や目標を家族や親友、同僚と共有しましょう。あなたは彼らからの期待に応えようと目標を達成するでしょう。
・常に、実績を念頭に置いておきましょう。〈自我〉の資質は、あなたを傑出した目標に向かわせようとしますが、あなたの実績はその目標に適っているでしょうか。でなければ、人はあな

シ

たを口だけの人と見なすかもしれません。

・あなたは自分の仕事ぶりが人の目に触れるときに最もよい仕事をします。舞台の中央に立つ機会を探し、自分を埋没させる仕事は避けましょう。

・重要なチームやプロジェクトを率いると最高の力を発揮するでしょう。利益が過去最高という場合も、非常にやる気が出るかもしれません。ゲームがなかなか決まらないときこそ、ボールを自分に回してほしいことを他の人たちに知らせてください。

・達成したいと強く望む目標や業績、資格のリストを作成して、毎日目にするところに貼りましょう。自分自身を鼓舞するために、このリストを使うのです。

・これまで受けた評価や賞賛のうち、最高の瞬間はいつでしたか。それは何に関することでしたか。そして誰から受けたものでしたか。聴衆は誰でしたか。その瞬間を再現するために、あなたは何をしなければならないでしょうか。

・〈自己確信〉の資質が高くなければ、あなたは失敗を恐れるかもしれません。その事実は受け入れましょう。しかし、恐怖心があるからといって優秀であろうとすることをやめないでください。代わりに、失敗を恐れる気持ちを利用して自分の実績が求める水準に見合うものになるよう集中しましょう。

・他の人たちがあなたのことをどう思っているのか、あなたには自然にわかってしまうかもしれません。自分を評価してほしい人たちがいて、彼らからの承認と称賛を得るためには何でもするでしょう。人からの承認に依存することは問題かもしれませんが、大事な人たちから好かれたい、称賛されたいと思うことは、あなたの人生にとってまったく悪いことではないことを知っておいてください。

〈自我〉が高い人との働き方

・この人は自主性を必要とする人だ、ということを知っておいてください。この人のやり方に挑戦しなければいけないとき、後に対立が起こるかもしれないことを念頭に置いておきましょう。

・この人は自分が貢献したことが有意義だったと認められることで大きく伸びます。それを認識しましょう。この人には自分で自由に戦略を立てて行動する余地を与えてください。しかし、決して無視してはいけません。

・知名度を上げ、突出する機会をこの人に与えてください。注目の的となるプレッシャーを楽しむでしょう。

シ

自己確信

Self-assurance

〈自己確信〉には自信と共通する点があります。心の奥深くであなたは自分の強みを強く確信しています。あなたは自分は絶対できることを確信しています。リスクをとることができ、新しい挑戦をすることができ、権利を主張することができ、最も重要なことに成果を出すことができる、と。ただし、〈自己確信〉は、単なる自信を超える資質です。この資質に恵まれたことで、あなたは自分の能力だけでなく判断力にも自信を持っています。自分のまわりを見たとき、あなたは自分の見方が独自かつ独特であると強く思います。そして、あなたとまったく同じ見方をしている人は誰もいないので、あなたに関することについて決定を下せる人はあなたしかいないと確信しています。何を考えるべきかは誰もあなたに指示できません。彼らはヒントを与えることはできるでしょう。助言することもできるでしょう。しかし、あなただけが、結論を出し、何をするかを決定し、行動する権限を持っています。この権限、さらには自分の人生に関する最終的な責任をとることを、あなたは決して怖がりません。むしろ、あなたには当たり前に感じられるのです。状況の如何にかかわらず、あなたは何が正しい決断であるかをいつも知っているようです。この資質はあなたに、確信に満ちた貫禄を与えます。他の人と異なり、いくら説得力があっても、あなたは他の人の主張に安易に左右されることはありません。この〈自己確信〉という資質は、あなたの他の資質の持ち方によって表面に現れたり現れなかったりしますが、その資質は強くしっかりとあります。船の竜骨のように、それは方々からの攻撃に耐えて、あなたが進路から外れないようにするのです。

〈自己確信〉が高い人たちの声

パム・D（公益事業責任者）「アイダホの人里離れた農場で育ったの。田舎の小さな学校に通っていたわ。ある日、家に帰って母親に学校を替えると宣言したの。その日、教室で先生が私たちの学校は生徒が増え過ぎて、3人だけ他の学校へ移る必要があると説明したから。ちょっと考えて、そうか新しい人と会えるんだって思いついて、自分はそのひとりになるんだって決めたの。30分早く起きてバスでさらに遠くまでいかなければならなくてもね。5歳だったわ」

ジェームス・K（セールス）「自分の判断に後悔したことはないんだ。誕生日プレゼントを買うことだろうと、家を買うことだろうと、ひとたび決定したら、他に選択肢はないという気分になる

シ

んだ。決定はひとつだけで私はそれをやった。夜寝るのは簡単だよ。もう、そうするって決めてるからね」

デボラ・C（救急治療室看護師）「もし救急治療室で死者が出たら、そのご家族に対応するために呼ばれるのは私です。私ならやれる自信があるからでしょう。昨日、精神疾患のある若い女性が、自分のなかに悪魔がいると叫び出したの。他の看護師は怖気づいてしまったけど、私にはどうしたらいいかわかっていたので、そばに行ってこう言いました。『ケイト、いらっしゃい、横になってバルクと唱えましょう。ユダヤ教のお祈りよ。こう続くの、バルク アタ アドナイ、エロヘイヌ メレク ハオラム』。すると彼女はこう答えたの。『私も繰り返せるようにゆっくり言ってちょうだい』って。それから、彼女はゆっくり復唱したわ。彼女はユダヤ教ではないけど、これで落ち着きを取り戻した。枕をもとに戻して、『ありがとう。これが私に必要だったの』って」

行動アイデア

・ルールがまだ存在していないビジネスやプロジェクトの立ち上げの機会を探しましょう。多くの意思決定が求められるとき、あなたは最高の力を発揮するでしょう。

・自分の見解を伝えて人を説得する職務を探しましょう。あなたが持つ〈自己確信〉の資質は（特に〈指令性〉や〈活発性〉の資質もある場合に）強い説得力を発揮します。リーダーやセールス、弁護士、起業家などが向いているかもしれません。

・自信を表に出しましょう。それが周囲にも波及し、まわりの人たちを成長させるでしょう。

・自分の確信や直感を言葉にするのが難しいと思うときもあるかもしれません。しかし、説明しないと、ひとりよがりだと思われてしまう恐れがあります。あなたが確信を得たからといって、他の人たちが自分の意見を引っ込めなくてもよいのだということを伝えてください。そう見えないかもしれませんが、あなたは皆のアイデアを聞きたいのです。あなたの信念は、「他の意見は聞きたくない」ということではありません。

・独立心の高い性質があなたをひとりにさせるかもしれません。そうなったら必ず人から見えるように前線に立つか、あなたについて行くことでいかに利益があるかを人に諭すことができる人とパートナーを組んでください。

・〈戦略性〉〈慎重さ〉または〈未来志向〉の資質の高い人とパートナーを組みましょう。彼らはあなたが責任を負っている目標を査定してくれます。一度目標を定めるとそれを達成するまで働き続けるあなたには、彼らの助けが必要です。

・並外れたハードワークと長時間労働は、あなたの仕事に対する情熱と自信のたまものです。他の人たちも同じだとは思わないようにしましょう。

・物事が劇的に変化していて秩序がないときでさえ、あなたには決断力があります。まわりが混沌としているとき、あなたのなかにある冷静さと確実性をあえて表に出し、共有しましょう。他の人たちに落ち着きや安心感を与えるでしょう。

・野心的な目標を設定してください。遠慮なく手を伸ばしましょう。他の人たちにとっては非現実的で達成不可能なことであっても、あなたにとっては胸躍るものであり、(特に重要なことですが)わずかな勇気と運で達成可能なことなのです。〈自己確信〉の資質によって、思いもしないようなことを成し遂げることがあります。

・人からの指示や支援をあまり必要としません。特に独立した思考や行動が求められる状況で効率的に動けるでしょう。自信と自制心が重要な局面でこそ、あなたの〈自己確信〉の資質は価値を発揮します。それを認識し、積極的に貢献しましょう。

〈自己確信〉が高い人との働き方

・もし同じチームで働いているなら、この人には自由裁量を与えましょう。指導を望まないし、必要ともしないでしょう。

・決定し行動したことは成果につながっていると、この人に認識させましょう。自分の領域を掌握していると確信できるとき、この人は最も効果的に力を発揮します。これまでうまくいった業務を挙げてみましょう。

・この人が持つ自己確信はほとんどの場合、有益ですが、もし過大に申告していたり、誤った判断をしていたりしたら、すぐに指摘しましょう。自分の直感に対するはっきりした評価を必要としています。

シ

社交性 *Woo*

〈社交性〉の原語のWooは「Winning Others Over」の略で、人を惹きつけ、味方につけるという意味です。あなたは知らない人と出会い、彼らにあなたを好きにさせることに挑戦するのが大好きです。あなたは知らない人を怖がることがめったにありません。むしろ、あなたは見知らぬ人に元気づけられます。あなたは彼らに惹かれるのです。あなたは彼らの名前を知り、質問をし、共通の関心事を見出し、それによって会話を始め、関係を築きたいのです。話題が尽きることを心配して会話を始めることを嫌がる人がいます。でもあなたは違います。あなたは何を話せばよいかを常に心得ているだけでなく、知らない人に近づくことを本当は楽しんでいます。なぜなら、初めの一歩を踏み出して人との関係をつくることから、あなたは大きな満足を得るからです。そして一度そのような関係ができあがると、あなたはそこでそれを終わりにして、また次の人へ進みます。これから出会う人は大勢います。新しい関係を築く新たな機会があります。これから交流を持つ新しい人の群れがいます。あなたにとって友だちでない人はいません。ただ、まだ出会っていないだけなのです。たくさんの友だちに。

〈社交性〉が高い人たちの声

デボラ・C（出版社重役）「ドアの前を通り過ぎただけで親友をつくったこともあるの。それっておそろしいことよね。でも社交的なのは私の一部なの。タクシーの運転手は全員、私にプロポーズするわ」

マリリン・K（大学学長）「私が友人を求めているわけではありませんが、人は皆、私を友人と呼びます。私は人を呼びとめて『愛しているわ』と言うけど、それは簡単に人を愛せるからです。でも、友人はそんなにたくさんいないし、自分でも求めているとは思いません。私は広いつながりを求めていて、それが得意なんです。だって、どうしたら人と人のあいだに共通点ができるか、わかっているんですから」

アンナ・G（看護師）「自分のことを、ちょっと内気だと思うことがあります。普通は自分からは第一歩を踏み出しません。けれど、どうしたら人を安心させられるかわかっています。私の仕事に必要なのはユーモアなのです。患者の反応があまりよくないとき、私の役割はコメディアンになることです。80歳の男性にこう言えます。『あら色男ね。座ってください。シャツを脱ぐのを手伝わせてね。いいわ。はい、脱ぎましょう。まあ、なんてたくましい胸なんでしょう！』。子どもにはゆっくりときっかけをつくるために、こんなくだらないことも言ってみるのです。『いくつ?』『10歳』『本当? 私があなたの歳だったときは11歳だったわ』」

行動アイデア

・朝から晩まで、たくさんの人と交流できる仕事を選びましょう。

・あなたを知っている人たちとのネットワークを時間をかけて築きましょう。それぞれの人に対して少なくとも1カ月に1回は連絡をとり、付き合いを続けましょう。

・地域の集まりに参加したり、ボランティアを申し出たりしましょう。そして、住んでいる地域で影響力がある人たちの社交リストに載る方法を見つけましょう。

・できる限り多くの人の名前を覚えてください。知人たちのファイルをつくり、知り合った人たちの名前をそれに加えていきましょう。誕生日や好きな色、趣味、応援しているスポーツチームなど、ちょっとした個人情報も書いておくと役に立ちます。

・対人関係では、打ち解けない人たちを安心させる役目を果たしましょう。

・人脈づくりがあなたの行動様式の一部であることを適切に説明できるようにしましょう。この資質の特性をアピールしないと、誰とでも付き合う不誠実な行動だと誤解されたり、あなたの親切さに疑問を抱いたりするかもしれません。

・〈親密性〉か〈共感性〉が非常に高い人とパートナーを組みましょう。彼らはあなたがきっかけをつくって始めた人間関係をしっかり固めてくれるでしょう。

・〈社交性〉の資質は、あなたの周囲を活気づける力をあなたに与えてくれます。あなたがそこにいることで生まれる力を認識し、どうすれば意見交換を始められるか考えましょう。他の人たちが熱心に取り組んでいる話題から会話を始めたり、才能のある人たちを一堂に集めたりすることで、パフォーマンスをさらに一段階、あるいは数段階あげることができるでしょう。

・社交的な行事では第一印象がきわめて重要です。それが、どのくらいそこでくつろげそうか、どのくらい記憶に残るイベントとなりそうかを決めるカギとなるからです。できるだけ招待客が出会う最初の人になりましょう。あなたには初めての人たちを出迎え、歓迎する能力があるので、すぐに打ち解けることができるでしょう。

・人を惹きつけ、彼らの心をつかむ練習をしましょう。たとえば、事前にその人たちの情報を得ておきましょう。そうすることで共通の関心事を話題にすることができます。

〈社交性〉が高い人との働き方

・この人が毎日新しい人と出会えるようにしましょう。初対面の人でもほっとさせることができるので、会社を訪ねてきた人たちをくつろがせることができます。

・もし人脈を広げる必要があるなら、この人に連絡をとりましょう。あなたの交際範囲を広げ、必要としているものを手に入れるための手助けをしてくれます。

・この人が広い交友関係に価値を置いていることを理解しましょう。もし、この人が挨拶をした後にすぐ立ち去ったとしても、それを自分に向けられたものとして受け取ってはいけません。

収集心

Input

あなたは知りたがり屋です。あなたは物を収集します。あなたが収集するのは、情報――言葉や事実、書籍、引用文かもしれません。あるいは、かたちのあるもの、たとえば蝶や野球カード、陶器の人形、セピア色の写真などかもしれません。それが何であれ、あなたは興味を惹かれるから集めるのです。そして、あなたのような考え方の人は、いろいろなものに好奇心を覚えます。世界は限りなく変化に富んでいて複雑なので、とても刺激的です。もしあなたが読書家だとしたら、それは必ずしもあなたの理論に磨きをかけるためではなく、むしろあなたの蓄積された情報を充実させるためです。もし旅行が好きだとしたら、それは初めて訪れる場所それぞれで新たな遺跡や事実に触れることができるからです。これらは手に入れた後、保管しておくことができます。なぜ、それらは保管する価値があるのでしょうか。保管する時点では、いつ、またはなぜ、あなたがそれらを必要とするかを正確に説明するのが難しい場合が多いでしょう。でも、それがいつか役に立つようになるかどうか、誰が知っているというのでしょう。可能性のあるあらゆる用途を考えているあなたは、物を捨てることに不安を感じます。ですから、あなたは物や情報を手に入れて集め、整理して保管し続けます。それが面白いのです。それがあなたの心を常にいきいきとさせるのです。そしておそらくある日、そのなかから役に立つものが出てくるでしょう。

〈収集心〉が高い人たちの声

エレン・K（ライター）「私には何でも知りたがる傾向があるってことは、子どものころからわかってた。自分が自分に質問するゲームをするの。『今日の質問は何かしら？』って。とんでもない質問を考えて、その答えが載っていそうな本を探すの。はじめは全然わからないけど、まったく知らない分野の本をじっくり読むのは、どこかに答えがあるからよ。私の質問は、私自身をひとつの情報から次の情報へと移らせる手段なのよ」

ジョン・F（人事部長）「私はインターネットはとてもすばらしいと思っているうちのひとりだよ。以前はイライラしたけど、いまは、ある分野の株式市場の動向だろうが、あるゲームのルールだろうが、スペインのＧＮＰ（国民総生産）だろうが、知りたいことがすぐに見つかる」

ケヴィン・F（セールス）「どうでもいいことを知っていて自分でもときどき驚くよ。『ジェパディ！』や『トリビアル・パスート』などのクイズ番組が大好きなんだ。物質的なものなら捨ててもかまわないけど、知識、それも長いあいだにわたって積み上げてきた知識をムダにしたり、自分が本当に楽しいと思うものを読めなかったりするのは嫌なんだ」

行動アイデア

・毎日、新しい情報を取得することが任務の仕事を探しましょう。たとえば、教職や調査、ジャーナリズムなどです。

・情報を保管し、簡単に探し出すことができる仕組みを考案しましょう。切り抜いたすべての記事をまとめる1冊のファイルのような最も簡単なものから、コンピューターのデータベースのような最新のものまであります。

・〈目標志向〉や〈規律性〉の資質が高い人とパートナーを組みましょう。彼らは、あなたの知的好奇心が脇道にそれたとき、軌道修正してくれるでしょう。

・あなたの心は開放的で吸収力があります。スポンジが水を吸収するように、自然に情報を吸収するでしょう。しかし、スポンジは吸収した水を永久に保存しておくためのものではありません。あなたも情報を単に蓄積しているだけではいけません。アウトプットがなければ、インプットは停滞します。あなたの知識からの恩恵を最も受ける人（あるいはグループ）は誰でしょ

シ

うか。情報を集めて吸収したら、それを彼らと共有するようにしましょう。

・珍しい事実やデータ、アイデアを無意識に集めていないでしょうか。もしそうなら躊躇せず専門家の道を進みましょう。〈収集心〉の資質に従うだけで、その分野の権威となるかもしれません。

・単に情報を収集するだけにならないよう肝に命じてください。時期がきたらあなたはその情報から得た知識を活用して行動に移さなければなりません。人々にとって最も価値のある事実やデータを特定し、それをその人たちの利益に結びつけるために使いましょう。

・あなたの専門分野は何でしょうか。その分野について、さらに情報を集めましょう。

・あなたを刺激する本や記事を読む時間をスケジュールに入れてください。

・意識して語彙を増やしましょう。新しい言葉を集めて、その意味を学びましょう。

・集めた情報を皆で共有できる場を見つけましょう。また、友人や同僚からの質問に答えるのは楽しい、ということをあらかじめ彼らにアピールしておきましょう。

〈収集心〉が高い人との働き方

・この人には最新の情報を知らせてください。この人には知っていたいというニーズがあるのです。関心のありそうな本や記事、論文などを渡しましょう。

・この人との共通の関心事を探し、あればそれに関連する事実や話題を共有しましょう。この人とよい人間関係を築くきっかけになります。
・会議中はこの人から情報を聞くようにしましょう。この人が持つ豊富な知識を活かす機会を探しましょう。

シ

指令性 *Command*

〈指令性〉という資質によって、あなたは主導権を握ります。他の人と違い、あなたは自分の考えを他人に強く主張することを苦痛とは感じません。それどころか、ひとたび考えが固まると、あなたはそれを他の人に伝えずにはいられません。そしてひとたび目標が定まると、あなたは他の人をそれに同調させるまで安心できません。あなたは対立に怯えることはありません。むしろ、対立は解決策を見つけるための第一歩であることを知っています。他の人は不愉快な状況に立ち向かうことを避けようとするかもしれません。ところが、「事実」や「真実」がどれだけ不愉快なことであろうとも、あなたはそれを示さなければならないと感じます。あなたは課題が人々のあいだで明確に理解されていることを求めます。したがって、あなたは人に、偏った考えを持たず正直であることを要求します。あなたは彼らにリスクに挑戦することを迫ります。彼らを怖がらせることもあるかもしれません。これを嫌ってあなたのことを頑固と呼ぶ人もいるかもしれませんが、一方で、進んであなたに主導権を握らせることもしばしばあります。人々は、立場をはっきりと示し、まわりの人にもある特定の方向に向けて行動するように求める人に魅力を感じます。だから、人々はあなたに惹きつけられるでしょう。あなたには強い存在感があります。あなたは〈指令性〉を備えた人です。

〈指令性〉が高い人たちの声

マルコム・M（接客業マネジャー）「なぜ私に影響力があるかといえば、まったく遠慮しないからです。実際に最初は皆、私は人を威圧すると言います。一緒に働きはじめて1年経つと、たまにそんな話をするようになります。皆こう言うんですよ。『いやマルコム、ここで働きはじめたときは、死ぬほど君が怖かったよ』って。理由を尋ねるとこう答えます。『これまで、思ったことを口にする人と働いたことがなかったんだよ。君は何だろうと、必要なことは何でも口にするからね』」

リック・P（小売業重役）「弊社では健康プログラムを導入しています。1週間に消費したアルコール飲料が4本以下なら月25ドル、禁煙したら月25ドルがもらえます。ある日、禁煙していた店長のひとりがタバコを吸ったと聞きました。よくないことです。彼は店でタバコを吸って従業員に悪い見本を示し、さらに25ドルを申請したのです。そんなスタッフはうちにいてほしくありませ

シ

ん。気分のいいものではありませんが、すぐにはっきりと彼に伝えました。『すぐにやめなさい。さもなければ解雇する』と。彼は基本的にはいい人ですが、許しておくわけにはいきません」

ダイアン・N（ホスピスワーカー）「自分のことを自己主張が強いとは思いませんが、確かに主導権は握ります。危篤状態の患者さんとそのご家族がいる部屋に入っていったときには、誰かがその状況を引き受けなければならないでしょう。彼らは采配をふるってほしいのです。彼らは現状にショックを受け、少し恐怖を感じながら、それを否定したい気持ちも少しあります。混乱状態にあるのです。次に何が起こるのか、どう心の準備をしておいたらいいのかを誰かに教えてもらいたいのです。楽しいことではありませんが、意義あることなので大丈夫です。やわらかい言葉は必要とされていません。明瞭さと正直さが求められているのです。私にはそれができます」

行動アイデア

・あなたはいつでも立ち向かう心構えができているはずです。対立をも恐れないその能力を本物の説得力にするための言葉や声の調子、話し方を普段から練習しておきましょう。

・人間関係で微妙な問題が起こったら、直接、率直に話す機会をとらえましょう。真実を曲げることができないあなたの姿勢は力の源となり、同僚や友人の目には誠実に映るでしょう。隠しごとのない人として評価されるよう努めましょう。

・人に意見を聞きましょう。あなたの率直さはときに威圧的になり、相手があなたの反応を恐れて萎縮してしまうことがあるので注意しましょう。あなたが正直なのは、物事を自分のなかにためておくのが心地悪いからであって、相手を怖がらせたり黙らせたりしたいからではありません。必要に応じてそのことを説明しましょう。

・〈社交性〉や〈共感性〉の資質が高い人をパートナーにしましょう。問題によっては直接対峙する必要などないのです。彼らはそれを回避してくれるでしょう。この人たちは、あなたを人間関係のトラブルから遠ざけてくれます。

・危機に陥ったときには「主導権を握る」あなたの姿勢が、まわりの人たちを安心させます。困難に直面したら、人々の不安を和らげ、あなたが事態を掌握していることを理解してもらうために〈指令性〉の資質を使いましょう。

・〈指令性〉の資質によって、主導権争いをせずにはいられない気持ちになるかもしれません。運転席にいることが大好きだからです。しかし、あなたがまだ直接指揮をとっていないうちから、まわりの人たちはあなたの存在を感じ取っているかもしれないことを覚えておいてください。

・一歩踏み出し、障害を打破しましょう。物事を前進させるあなたの思い切りのよさを他の人たちは頼りにしています。障害を取り除くと、あなたなしでは成しえなかった新たな機運と成功が生まれることもよくあるでしょう。

・グループを主導することを考えましょう。あなたには実現させたい明確なアイデアがあり、皆が自然とあなたについていくように影響を与えることができます。先頭に立って指揮を執ることに、あなたは心地よさを感じるかもしれません。
・人を説得することが求められる職務を探してください。セールスは、あなたにとってよいキャリアかもしれません。
・あなたが正当だと信じ、支持する大義を見つけましょう。その大義が抵抗にあい、それを守ろうとするときに、あなたは最高の自分を発見するかもしれません。

〈指令性〉が高い人との働き方

・会社で起きていることをどう評価しているか、この人に聞いてみましょう。率直に答えてくれるでしょう。また、あなたとは違う発想も期待できます。この人は単なるイエスマンではありません。
・プロジェクトを見直す必要があるとき、人を説得する必要があるときには、この人に任せましょう。
・１００％本気で実行するつもりがないなら、口先だけでこの人を脅してはいけません。

慎重さ

Deliberative

あなたは用心深く、決して油断しません。あなたは自分のことをあまり話しません。あなたは世の中が予測できない場所であることを知っています。すべてが秩序正しいようにみえますが、表面下には数多くの危険が待ちかまえていることを感じ取っています。あなたはこれらの危険を否定するよりは、ひとつひとつを表面に浮かびあがらせます。そうして、危険はひとつずつ特定され、評価され、最終的に減っていきます。いうなれば、あなたは毎日の生活を注意深く送る、かなりまじめな人です。たとえば、何かがうまくいかない場合に備えて、あらかじめ計画を立てることを好みます。あなたは友人を慎重に選び、会話が個人的な話題になると、自分のことについては話をせず、自分自身で考えることを好みます。誤解されないように、過度に誉めたり認めたりしないように気をつけます。人になかなか打ち解けないという理由であなたを嫌う人がいても気にしません。あなたにとって人生は人気コンテストではないのです。人生は地雷原を歩くようなものです。他の人は用心せずにこの地雷原を駆け抜けるかもしれません。しかし、あなたは違う方法をとります。あなたは危険を明確にし、その危険が及ぼす影響を推し量り、それから慎重に一歩ずつ踏み出します。細心の注意を払って進むのです。

〈慎重さ〉が高い人たちの声

ディック・H（映画プロデューサー）「私の行動のすべては変数を減らすことにある。変数が少なくなれば、リスクも低くなる。監督と交渉するときは、いつもすぐに比較的小さい問題を片付けることから始めるんだ。小さな問題が片付くと気分がよくなる。集中できる。会話をコントロールすることができるようになるんだ」

デビー・M（プロジェクト・マネジャー）「私は現実的です。同僚がすばらしいアイデアをとうとうとまくし立てていると、私は『それはどういうふうに実現させるの？　このグループやあのグループにどうやって受け入れてもらうの？』と質問をします。難癖をつけているというとネガティブで言い過ぎですが、起こりうる事象を予測してどのくらいリスクがあるかを測っているのです。私の質問のおかげで皆、よりよい意思決定ができると思います」

ジェイミー・B（サービス業従業員）「私はそれほど几帳面ではありませんが、必ず行っていることのひとつにダブルチェックがあります。非常に責任ある立場にいるから、あるいは職務的に求められているから、それをしているわけではありません。安心を得るために行っています。人間関係や結果に至るプロセスなど、あらゆることに危険が潜んでいるため、足もとがしっかりとしていることを把握する必要があるのです」

ブライアン・B（教育行政官）「私はいま、学校の安全計画をまとめています。何度も会議に出席し、8つの委員会が進行しています。学区単位の評価委員会もありますが、私はまだ基本モデルに満足していません。上司が『いつ計画を見られる？』と言うので『まだです。まだ満足していません』と言ったら、『えー、ブライアン、完璧じゃなくてもいいのよ。ただ計画が必要なの』と言っていました。でも彼女は私の好きなようにやらせてくれました。いま私が注意を払っていることが後で大きな意味を持つことを彼女はわかっているからです。この前段階で一度決まったらそれで終わりです。後で修正の必要はありません」

行動アイデア

・あなたは生まれつき優れた判断力をもっています。アドバイスをしたり相談にのったりする仕事につくことを考えましょう。法務関係や堅実な商取引、法令順守に関連する仕事で頭角をあらわすかもしれません。

・あなたの職務が何であれ、人が決断するのを助けましょう。あなたは他の人たちには見えな

シ

い要素に気づくことができます。頼りになる相談相手としてすぐに必要とされるようになるでしょう。

・物事を決断するまでに注意深い過程をたどることをまわりに説明しましょう。リスクを強調するのは、それをコントロールして減らすためです。〈慎重さ〉の資質は行動を躊躇し恐れることだと誤解されないようにしてください。

・あなたは微妙な問題に関しても非常に注意深く考えるため信頼されます。この資質をデリケートな問題や対立をさばくことにも使いましょう。

・あなたには、無謀なリスクをとるよりも、注意深く考えて決定に至る傾向があります。うますぎる話だと思ったときには、自分の直感を信じましょう。

・変化のときには、あなたの意思決定が保守的であることは有利だ、と考えましょう。他の人たちにその利点を説明できるようにしておきましょう。

・自分自身のことについてすぐに語らなければならないと感じる必要はありません。大切なことを話す前に人をよく観察しましょう。あなたは生まれつき友情をゆっくり育むタイプです。あなたの小さな良き友人の輪に誇りを持ちましょう。

・〈指令性〉や〈自己確信〉〈活発性〉の高い人とパートナーを組みましょう。彼らと組めば、たくさんの適切な意思決定ができるでしょう。

・決定を下す前の「考察」の段階で他の人たちがやみくもに計画を実行に移そうとしていたら、待ったをかけましょう。あなたの注意深さは皆が間違った方向に進むのを防ぎ、賢明な結論を導くための助けとなります。
・すべての情報を手に入れて自分の立場を考え抜く機会を得るまでは、自分の意見を保留してよいのです。あなたは急激な変化に喜んで応じる人ではありません。あらゆる面でカバーできるように、起こりうる結果についてじっくり検討する傾向があります。慎重な人として、すぐに動き出したい衝動的なタイプの人の「ブレーキ役」を果たします。

〈慎重さ〉が高い人との働き方

・この人には突っ走りがちなチームやグループに入ってもらいましょう。そのグループに必要な思慮深さや見通しを与えて、ちょうどよい折り合いをつけるでしょう。
・この人は綿密に考えることが多い人です。決断を下す前にあなたの計画をだいなしにしかねない地雷がないか、この人に特定してもらいましょう。
・この人はプライベートには慎重です。それを尊重してください。もしこの人のほうから言ってこなければ、性急に親しくなろうとしないでください。同時に、この人があなたと距離をおいていても、自分に向けられたものとして受けとってはいけません。

シ

信念　*Belief*

〈信念〉という資質が高ければ、あなたは、何か核となる揺るぎない価値観を持っています。その価値観が何かは人によって異なりますが、一般的にこの〈信念〉の資質があなたを家族中心主義に、他人に対して献身的に、そして崇高さを持つようにさえします。さらに自分自身についても他人についても、責任感と倫理感が強いことを評価の指標にします。この核となる価値観は多くの面であなたの行動に影響を与えます。あなたの人生に意義と満足感をもたらします。あなたの見方では、成功とは金銭や地位に優るものです。この普遍的価値はあなたに方向性を与え、誘惑や心を乱すものがあっても一貫した優先順位を保ちながら進んで行けるようにあなたを導きます。この一貫性が、あなたのあらゆる人間関係の基盤です。あなたの友人は、あなたを頼れる人間だと言います。彼らは「きみのスタンスはわかっている」と言います。あなたの〈信念〉という資質は、あなたを信頼されやすい人間にします。そしてそれは、あなたが自分の価値観と完全に一致する仕事を見つけることも要求します。あなたの仕事は意義があり、あなたにとって重要なものでなければなりません。そしてその仕事は、あなたの価値観を実現するチャンスを与えることができる場合のみ意味を持つのです。

〈信念〉が高い人たちの声

マイケル・K（セールス）「働いていない時間のほとんどは家族やコミュニティでの活動に費やしています。私は全国区のボーイスカウトの役員でした。ボーイスカウトのメンバーだったときには隊のリーダーを務めました。年長隊員だったときはボーイスカウトの副リーダーを務めました。子どもたちと一緒にいるのが好きなのです。そこに未来があると信じています。自分の時間を未来に投資することで人生は満たされるのだと思っています」

ララ・M（大学学長）「この仕事に毎日打ち込んでいるのは意義があるからです。たくさんの時間をこの仕事に費やしていますが給料は気にしていません。つい先日、この州で私が一番給料の低い大学学長であることを知ったのですが、まったく気になりませんでした。だってお金のためにやっているわけではないのですから」

トレーシー・D（航空会社重役）「その仕事が重要なものでないなら、なぜするんでしょう。毎日起床して安全な飛行のために働くことは、私にとって重要で目的のあることです。もし仕事にこうした目的を持てなかったら、困難やイライラを乗り越えられるかどうかもわかりません。たぶんやる気をなくすと思います」

行動アイデア

・人生最高の日を思い浮かべて、あなたの価値観をはっきりと把握しましょう。あなたの価値観は、その日感じた充足感にどのような役割を果たしましたか。あの日を何度も再現するために、自分の人生をどう設計しますか。

・あなたの価値観に合う職務を積極的に探してください。特に、社会貢献を目的に掲げている会社がよいでしょう。

・あなたにとっての働くことの意味や目的が人々の指針となることもあるでしょう。なぜその仕事が重要なのか、それがその人とその人の人生にどんな影響を及ぼすのかを人々に気づかせましょう。

・〈信念〉の資質は人々の心に訴えかけます。なぜそれをするのかという「動機」を突き詰めて、家族や友人、同僚と話しましょう。心のこもったあなたの訴えは彼らを、貢献したいという気持ちにさせるでしょう。

・あなたが影響を与えた人たちから受けとった手紙や写真を並べたギャラリーをつくりましょ

う。落ち込んだとき、自分の価値観を思い出すことができます。あなた自身を元気づけるとともに、人を助けるというあなたの責務を思い起こさせてくれるでしょう。
・仕事で求められていることと私生活のバランスをとるための時間を蓄えておいてください。家族に対する大きな責任を代償にしてまで働くべきではありません。
・自分の価値観を口にすることを恐れてはいけません。それによってあなたがどんな人か、あなたとどうかかわればいいのかが皆にわかります。
・自分と同じ価値観を持つ友人を積極的に探しましょう。親友を思い浮かべてください。その人は、あなたと価値観を共有していますか。
・〈未来志向〉の資質が高い人をパートナーにしましょう。あなたの価値観が導く未来を鮮やかに描き出し、あなたを元気にしてくれます。
・あなたとは異なる価値観を持っている人たちもいることを受け入れましょう。断定的にならずに、あなたの信念を説明しましょう。

〈信念〉が高い人との働き方

・この人は、関心のある事柄については非常に情熱的になります。この人が情熱的になることを見つけて、それを本人がこなさなければならない仕事や業務と結びつけられるようにしてあげましょう。

・この人の家族やコミュニティについて知りましょう。この人はとても献身的に彼らに関与しているかもしれません。それを理解し、高く評価し、尊重すると、この人はあなたに敬意を払うでしょう。

・共有する必要はありませんが、この人が持っている一連の価値観の体系を理解し、尊重し、それにうまく合わせましょう。そうしないといずれ大きな衝突が起こります。

親密性

Relator

〈親密性〉という資質は、あなたの人間関係に対する姿勢を説明します。簡単に言えば、〈親密性〉という資質によって、あなたはすでに知っている人たちに引き寄せられます。あなたは必ずしも未知の人たちと出会うことを避けているわけではありません。事実、知らない人と友人になるスリルを楽しむような他の資質をあなたは持っているかもしれません。しかし、あなたは親しい友人のそばにいてこそ、大きな喜びと力を得るのです。あなたは親密であることに心地よさを感じます。いったん最初の関係ができあがると、あなたは積極的にその関係をさらに深めようとします。あなたは、彼らの感情や目標、不安、夢を深く理解したいと思っています。そして、彼らにもあなたを深く理解してもらいたいと願っています。あなたは、このような親密さがある程度の危険性をはらんでいることを知っています。あなたは利用されるかもしれないのです。しかし、あなたはその危険性をわかったうえで受け入れます。あなたにとって人間関係は、それが本物であるときにのみ価値を持ちます。そして、それが本物であるかどうかを知る唯一の方法は、相手に身を委ねることです。互いを共有すればするほど、お互いの危険性も大きく

シ

なります。お互い危険性が大きくなればなるほど、自分たちの意思が本物であることをよりはっきりと証明できるのです。これらが真の友情を築き上げるためのステップであり、あなたはそのステップを喜んで進めていきます。

〈親密性〉が高い人たちの声

ジェイミー・T（企業家）「付き合う人は確かに選ぶよ。最初に会うときには、自分の時間をそんなには使わない。私はその人を知らないし、その人も私を知らないし。だから、楽しく過ごしておしまいだ。でも、もしお互いをより深く知り合えたら、まるで閾値《いきち》にでも達したかのように突然、たくさんの時間を費やしたくなるんだ。自分のことをもっと相手に伝えたい、もっと自分を前に出したい、少しでも親しくなるために相手のためになることをしたい、自分が大切にしていることを説明したいって思う。おかしいんだよ。だって私の人生には、もうこれ以上の友人は必要ないんだから。もうたくさんいるんだ。でも新しく人と出会って閾値に達すると、関係性を深めずにはいられないんだ。いま10人が私のもとで働いているけど、全員を親友と呼べるよ」

ギャビン・T（客室従業員）「すばらしい知人はたくさんいるけど、親友と呼べる人はそんなに多くありません。それでいいんです。とても近い関係の人たちと一緒に過ごすのが最高の時間です。たとえば家族。皆、すごく結束したアイルランド人のカソリック教徒で、集まれる機会があれば一緒に過ごします。兄弟姉妹は5人、甥や姪は10人いる大家族ですが、月に1度は集まって楽しいときを過ごすんです。そのきっかけは私がつくるんですよ。私がシカゴに戻ると、誕生日や記念日でなくても、皆で集まって3～4日は一緒に過ごす口実になるから。お互いの存在が本当にうれしいんです」

トニー・D（パイロット）「以前、海軍で飛行機に乗ってたけど、いや本当に海軍では『友だち』っていう言葉は安心できるよ。気持ちよく誰かを信頼できるんだ。何度、自分の命を誰かの手に委ねたことか。友だちが操縦する飛行機に乗って飛び立ったこともあるけど、もし彼が私を無事に連れて帰れなかったら、死んでいたからね」

行動アイデア

・友情が奨励される職場を見つけましょう。あなたは形式的すぎる環境ではあまりうまくやれません。就職時の面接では、会社の雰囲気と仕事のやり方について質問してみてください。

・出会った人については、できる限りその人のことを知るように心がけましょう。あなたは相手を知ることが、相手は自分を知ってもらうことが好きなのです。こうしてあなたは信頼関係

シ

を築くきっかけをつくれます。

・あなたはその人の職種や地位よりも人間性や性格に興味を持つ人だ、ということを知ってもらいましょう。これはあなたの資質のすばらしい特徴のひとつで、人々の手本となるはずです。

・あなたの気遣いをどんどん表に出しましょう。たとえば、社内であなたがアドバイスできる人を探したり、同僚が互いに理解を深め合うのを手伝ったりします。会社の枠を超えた人間関係を築くのもよいでしょう。

・どんなに忙しくても、友人とは連絡をとってください。彼らはあなたの力の源となります。

・友人に対しては正直でいましょう。真の思いやりとは、その人が成功し、満たされるのを助けることです。正直な意見を述べたり、苦闘している役割からおりるように勧めるたりすることは、まさに思いやりのある行動です。

・あなたは、職務や肩書、上司であるかどうかよりも、ひとりの対等な人間または友人として見られることを好みます。形式的な呼び方ではなく名前で呼んでほしいと伝えましょう。

・あなたには、相手が心を開いていると感じられるまで自分の魅力的な部分を表に出さない傾向があるかもしれません。覚えておいてください、人間関係は一方通行では築けません。積極的に自分を前面に出しましょう。人々はあなたが誠実な人であることをすぐに理解します。強く長く続く関係を育てるチャンスが得られるでしょう。

・家族や親友との時間を持ちましょう。〈親密性〉の資質の「糧」とするために、あなたは愛する人たちと充実した時間を過ごす必要があります。そのための時間をつくりましょう。あなたを幸せにしてくれる人たちとの距離が縮まるはずです。

・仕事以外で同僚やチームのメンバーと付き合う努力をしましょう。ランチやコーヒーに誘うだけでもいいのです。より効果的な協調関係やチームワークを育み、職場での関係をより強固なものにするのに役立ちます。

〈親密性〉が高い人との働き方

・この人は同僚と本物の絆を育むことを楽しみます。そうした関係を築くには時間がかかるので、定期的に機会を設けて信頼を築く努力をしなければなりません。

・この人にはあなたを気にかけているのだということを直接伝えましょう。その言葉は不適切なものではなく、むしろありがたく受けとられるでしょう。この人は親密な人間関係のなかで生きているので、あなたとの距離がどのくらい近いか知りたいはずです。

・この人には機密情報を打ち明けても大丈夫です。忠実で信頼に大きな価値を見出している人なので、あなたの信頼を裏切ることはないでしょう。

シ

成長促進

Developer

あなたは他の人たちが持つ潜在的な可能性を見抜きます。実際のところ、その潜在的な可能性が、あなたの見ているすべてであることも多いのです。あなたの考えでは完全にできあがった人間は存在しません。誰もが成長途上にあり、可能性にあふれています。だからこそ、あなたは人々に惹きつけられるのです。あなたが他の人と互いにかかわりを持つとき、目指しているのは彼らに成功体験をさせることです。あなたは彼らを挑発する方法を探します。彼らの能力を伸ばして成長させるような興味深い経験を計画します。そしてその間ずっと、あなたは明らかな成長の徴候が現れるのを待ちかまえています。学習によって身に付けたり改められたりした新しい行動やスキルのちょっとした向上、卓越性の芽生え、以前ならひとつひとつ意識しながらやっていたことが自然に淀みなくできるようになることなど。これらは人によっては気づかないほど小さな進歩ですが、あなたにとっては潜在能力が発揮されつつあるという明らかな兆候なのです。他の人に現れるこれらの成長の兆候はあなたの原動力であり、あなたに力と満足感を与えます。そのうちに多くの人があなたに助けと激励を求めるようになるでしょう。なぜなら、ある段階で彼らはあなたの助けが心からのものであり、同時にあなたに喜びをもたらすものだとわかるからです。

〈成長促進〉が高い人たちの声

マリリン・K（大学学長）「看護学校の卒業式で、生徒が舞台に上がって学位を授与されているとき、18列くらい後ろで小さな子どもがイスの上に立って、歓声をあげているグループと一緒に『ママ、やったね！』って叫んでいるんです。すごくうれしい瞬間です。毎回泣きますね」

ジョン・M（広告代理店重役）「私は弁護士でも医師でもなければ、どんな職業の人でもありません。私が持っているスキルは、まったく別のものです。人とその原動力の源を理解しなければなりません。不可能だと思われていた方法でその人が自分を発見するのを見守ったり、私にはない才能を持っている人を発見したりすることに喜びを感じます」

アンナ・G（看護師）「肺損傷で、ずっと酸素療法を続けなければいけない若い女性の患者さんがいました。普通の生活を送る気力も体力もなく、私が担当したとき彼女は絶望していました。不安だから息切れしているのか、息切れしているから不安なのかもよくわからなくなっていたのです。仕事もできないし夫の面倒もみられないと自殺をほのめかしていました。だから、できないことよりもできることに目を向けさせたのです。すると、絵画や手芸を始めました。私はこう言ったんです。『見てごらん。できることがあるじゃない。もしこれがあなたを幸せにするなら続けましょうよ。ここが始まりよ』って。彼女は泣いて『お茶碗ひとつ洗う気力しかないのよ』と言うので、『それは今日の話よ。明日はふたつ洗えるわ』と答えました。そうしたらクリスマスには、いろいろなものをつくって売れるまでになったんです」

行動アイデア

・あなたがその成長を助けた人たちを思い出し、リストに書き出してみましょう。リストを頻繁に見返して、あなたが社会に与えた影響を自分に思い起こさせましょう。

・成長促進が主な役割である職務を探しましょう。特に、教師やコーチ、マネジャーなどの役割を担うことで、あなたは満たされるかもしれません。

・人の成功に気づいたら、それを本人に伝えましょう。実際に見たことを具体的に述べましょう。成功要因を詳細に観察して伝えることで、彼らはより一層成長するでしょう。

・あなた自身の特別なものに気づいた相談相手や指導者は誰だったでしょうか。たとえ大昔の学校の先生にさかのぼって感謝の手紙を送ることになっても、育ててくれたことを感謝する時間をとるのは大事なことです。

・〈個別化〉の資質が高い人とパートナーを組むとよいかもしれません。この人は、ひとりひとりが持つ個別の才能を見抜けるはずです。この人の助けなしに〈成長促進〉による直感に頼ると、才能のない分野でその人を成長させようとしているだけになってしまうかもしれません。

・その人が常に苦しんでいる役割での支援は、注意して避けるようにしましょう。そうした状況であなたがとれる最も生産的な行動は、その人に合った違う役割を探すよう、その人を応援することです。

・あなたはいつも、手に負えないほど大勢のメンターとなるよう強いられるかもしれません。自分の基本的欲求を満たすために、最も大切な人への指導に集中する一方、「当座のメンター」になることの影響力についても考えてみてください。最も心に触れ、記憶に残る成長の瞬間の多くは、適切な言葉が適切なタイミングでかけられたときに起こります。理解を明瞭にし、情熱を蘇らせ、チャンスに目を開かせ、人生の航路を変えるような言葉を適切なときにかけるのです。

・見込みのないことに投資しすぎてはいけません。あなたには生来、人や状況の可能性を信じる傾向があり、それが、落とし穴となることもあります。よりチャンスのある状況を見逃し、現状に固執してしまうのです。

・〈成長促進〉の資質によってあなたは、他の人たちの成長にはとても一生懸命になりますが、自分自身の成長を忘れてしまうかもしれません。自分が持っていないものは人に与えられないことを覚えておきましょう。人の成長と幸せに大きな影響を与えたいなら、あなた自身も成長する必要があります。あなた自身のメンターかコーチを見つけましょう。

・成長を支援したい人たちのリストを作成し、ひとりひとりの強みが何かを考えて書き出しましょう。それぞれの人と、たとえ15分でもよいので定期的に会うスケジュールを立てて、彼らの目標と強みについて話し合いましょう。

〈成長促進〉が高い人との働き方

・人を成長させ、優秀にする手助けをするという、この人の自己認識を後押ししましょう。たとえば、この人にこう伝えてみましょう。「彼は自分ひとりでは記録を破れなかった。あなたからの働きかけと信頼が、彼の必要としていた後押しとなったのだ」

・同僚を評価するときにはこの人に頼みましょう。この人は称賛に値する業績を喜んで選び出します。称賛される側も、それを心からのものと受けとるでしょう。

・あなたが仕事で成長するのをこの人に助けてもらいましょう。この人は、他の人たちが気づかないちょっとした進歩にも目を留めることができます。

責任感

Responsibility

あなたは〈責任感〉という資質により、自分がやると言ったことに対しては何でもやり遂げようという強い気持ちを持ちます。それが大きかろうと小さかろうと、あなたは完了するまでそれをやり遂げることに心理的に拘束されます。あなたの高い評判はそこから来ています。もし何かの理由であなたが約束を果たせないとき、あなたは相手に対してそれを何らかのかたちで埋め合わせる方法を無意識に探しはじめます。謝罪では十分でありません。言い訳や正当化は問題外です。あなたは埋め合わせが終わるまで、生きた心地がしません。このような良心、物事を正しく行うことに対する強迫観念に近い考え、非の打ちどころがない倫理観、これらがすべてあいまって「絶対的に信頼できる」という高い評判を生み出すのです。人が新しい責任を誰かに任せるとき、まずあなたに目を向けるでしょう。あなたがその責任を必ず果たすことを知っているからです。人々があなたに助けを求めてくるとき（すぐにそうなるでしょうが）、あなたは選ぶ目を持たなければなりません。進んでことにあたろうとするあまり、できる範囲以上の仕事を引き受けてしまうこともあるからです。

セ

〈責任感〉が高い人たちの声

ケリー・G（オペレーション・マネジャー）「スウェーデン支社の代表から11月に電話があって『ケリー、1月1日まで在庫品を送らないでくれるかい?』と言うから、『もちろんよ。いい計画ね』って答えたの。部下にも計画を伝えて、やるべきことはすべてやったと思ったわ。けれど大晦日にスキー場でメールをチェックしてうまくいっているかどうか確認していたら、彼の注文がすでに出荷されていて請求書まで送られていることがわかったの。すぐに彼に電話をして状況を説明したわ。彼はいい人で罵倒されることはなかったけど、とても怒っていてすごくがっかりしていた。自分が嫌になった。謝罪しただけじゃ気が済まなかったの。修正する必要があった。ロッジから担当者に電話して、帳簿上で彼の在庫をもとに戻す方法を見つけたの。週末の大半をつぶしたけど、それがとるべき行動だったのよ」

ナイジェル・T（セールス担当重役）「以前は、私の手のなかに金属片があって、天井に磁石がついていると思っていました。何にでも、手を挙げて志願していたのです。それをコントロールする方法を学ばなければなりませんでした。そうしないと、たくさんのことを抱え込むだけでなく、すべて自分のせいだと思ってイライラしていたからです。いまは、世界中のすべてのことには責任を持てないんだということがわかりました。それができるのは神様だけです」

ハリー・B（転職コンサルタント）「頭取がある物件を差し押さえると決めたとき、私は一介の若い支店長でした。私は『わかりました』って言ったんです。しかし私たちには、彼らの不動産の価値にあたる全額を支払う責任がありますと言いましたが、頭取はそう思っていませんでした。彼は負債処理のためにその不動産を友人に売り渡すつもりで、『問題は、君がビジネス上の倫理観と個人的な倫理観を区別できていないことだ』と言いました。私は『そのとおりです』と答えました。当時も、そしていまも、2つの基準を持つのはおかしいと思っています。だから、会社を辞めて森林でゴミを拾う時給5ドルの仕事に戻りました。妻と私はふたりの子どもを育て、彼らの希望をかなえてやりたいと思っていたので難しい決断でした。でも振り返ってみると、程度の差こそあれまったく難しい決断ではありませんでした。そんな程度の倫理観しか持たない会社では働けなかった。それだけです」

行動アイデア

・就職活動では、あなたが持っている責任感を強調しましょう。プロジェクトの成否については すべての責任を負いたいと願っていること、未完成の仕事に対しては激しい嫌悪感を抱いていること、果たされていない約束については「正しく行われるべきだ」と感じていることなどを面接で述べるとよいかもしれません。

セ

・これまでの経験から請け負えそうなことより、より重責を負う業務を進んで引き受けてみましょう。あなたは責任を負うことで成長するだけでなく、非常にうまくそれに対処することができます。
・責任を分かち合える人と連携しましょう。物事をやり遂げるというあなたの決意を共有できる人たちと一緒に働くと、あなたの才能が開花します。
・責務をまっとうするために自由が与えられたとき、あなたは最も成果をあげます。このことを上司に伝えましょう。自由とはチェックされるのは最後のみで、プロジェクトの進行中はその必要がないということです。必ずやり遂げることで信用を得るでしょう。
・頑張って断りましょう。生来の責任感の強さから、提示されたことを拒否するのは非常に難しいと思うときもあるかもしれません。だからこそ選別しなくてはいけません。あなたにとって大きな意味を持つことについてのみ、より多くの責任を負うことを要求しましょう。
・あなたは自分が関与するすべてのプロジェクトの責任を負ってしまいます。人と責任を分かち合うことを遠ざけてしまわないよう、気をつけましょう。他の人たちにも責任を持つ挑戦をさせてください。そうすれば彼らの成長にも貢献できます。
・あなたは本当にその事柄を担当するのにふさわしい人物でしょうか。よく考えて、〈責任感〉の資質をマネジメントする方法を学びましょう。業務や要求されることが多すぎるため、結果的に質を落としてしまう恐れもあります。さらなる責務を引き受けるよりも、あなたがいま抱えている責任と目標を優先させましょう。

・特に〈規律性〉か〈目標志向〉の高い人とパートナーを組みましょう。この人は、あなたが責任を抱え込みすぎず、順調に仕事を進めるのを手助けしてくれます。

・同じ考えを持った信頼できる同僚と一緒に働くと、満足のいく仕事ができるでしょう。仕事の役割や担当分野を明確にしておけば、相手の領域を侵さず、お互いの責任範囲もわかります。

・責任感のある人は、約束を「果たせた」ことを知るのが好きです。いかに効果的にその責務をやり遂げたかを計測する指標やゴールをつくりましょう。同じように、自分に割り当てられた任務の期待値も明確にしておきましょう。そうすれば、結果の質に悩む必要がなくなり、約束したことだけに専念できます。

〈責任感〉が高い人との働き方

・この人は自身が持つ約束を果たせる能力を重要視しています。責任感のない人と働くのは、この人にとって非常にストレスがたまることです。

・この人はスピードのために質を犠牲にすることが好きではありません。急かすときは慎重にしてください。仕事について話し合うときは、まず、質について話しましょう。

セ

・この人が仕事を抱えすぎないようにしましょう。特に〈規律性〉の資質が低い場合は注意してください。ひとつ負担を増やせば、ボールをとりこぼす結果になりかねないことに気づいてもらいましょう。それはこの人が最も嫌うことです。

戦略性

Strategic

〈戦略性〉という資質によって、あなたはいろいろなものが乱雑にあるなかから、最終目的に合った最善の道筋を発見することができます。これは、学ぶことで得られるスキルではありません。特異な考え方であり、物事に対する特殊な見方です。他の人には単に複雑としか見えないときでも、あなたにはこの資質によってパターンが見えます。これらを意識して、あなたはあらゆる選択肢のシナリオの最後まで想像し、常に「こうなったらどうなる？　では、こうなったらどうなる？」と自問します。このような繰り返しによって、先を読むことができるのです。そしてあなたは、起こりうる障害の危険性を正確に予測することができます。それぞれの道筋の先にある状況がわかることで、あなたは道筋を選びはじめます。行き止まりの道をあなたは切り捨てます。まともに抵抗を受ける道を排除します。混乱に巻き込まれる道を捨て去ります。選ばれた道――すなわちあなたの戦略にたどり着くまで、あなたは選択と切り捨てを繰り返します。そして、この戦略を武器として先へ進みます。これが、あなたの〈戦略性〉という資質の役割です。「もし……なら？」と問いかけて選択し、行動するのです。

セ

〈戦略性〉が高い人たちの声

リアム・C（製造工場長）「私にはいつも、皆よりも先に結果が見えるみたいです。『顔をあげて先まで見通してみよう。来年のいまごろは同じ問題が起きないように、どうするか話し合おう』と皆に言わなければいけません。私にとってそれは自明のことですが、今月の数字ばかりを気に留めて、そこから物事を決めている人たちもいるのです」

ヴィヴィアン・T（テレビ局プロデューサー）「子どものころ、論理的な問題が大好きでした。『AがBを含み、BとCが等しいなら、AとCも等しいか』といったような問題です。いまでも、これをしたら何が起きるかを考えて、物事の結果を見通します。それが私を有能なインタビュアーにしてくれていると思います。偶然の出来事は何もありません。すべての兆候、すべての言葉、すべての声のトーンには意味があるのです。だから、そうした手がかりがないかよく観察して、頭でひとつとおりパターンを展開してみて、それらがどんな結果をもたらすかを考えます。それから、頭のなかで展開したことを活用して、質問を組み立てるのです」

サイモン・T（人事部長）「私たちは組合と交渉する必要があった。私にはそれがわかっていたんだ。彼らと対峙する絶好の問題があることがね。彼らがその状態を続ければ、いろいろなトラブルに巻き込まれていくことがわかったんだ。そして、あれよあれよという間に彼らは転がり続け、たどり着いた先には、準備した私が待ってたんだ。私には誰かの行動が自然に予測できるようなんだ。そして、その人が反応したときには、すぐに対応できる。その前に『よし、彼らがこうしたら、私はこうしよう。彼らがこうきたら、私たちは別のこちらの対応をしよう』って考えていたから。ヨットを漕いでいるようなものだよ。ある方向に向かうけど、選んだ道が悪かったら、それとは別の道を計画して対応して、計画して対応するんだ」

行動アイデア

・達成したい目標について、それに関連するパターンや問題がはっきりするまで熟考する時間をとりましょう。この考える時間が戦略的思考の大切な基盤であることを覚えておいてください。

・あなたは何か起きたときの影響について、他の人たちよりもはっきりと先を見通すことができます。対応策を綿密に練るためにこの能力を活用しましょう。ことが起きたときに準備ができていなければ、それがどんな結果をもたらすかがわかっていても意味がありません。

・重要な仕事をしていると思うグループを見つけてください。あなたの戦略的思考を使って彼らに貢献しましょう。あなたに計画があればリーダーになれるでしょう。

・鮮明なビジョンがただの夢で終わらないようにするためには、あなたの戦略的思考が不可欠

セ

です。ビジョンの実現に至る可能性のある道をすべて考えましょう。賢明な事前の考察が問題発生を防ぎます。
・あなたなら、特定の問題や障害に行き詰っている人たちに対して適切な助言を与えられることを、皆に知ってもらいましょう。他の人たちがダメだと思っているときも、自然に解決方法を見つけ、彼らを成功に導くでしょう。
・あなたは他の人たちよりも簡単に、これから起こりうる問題を予見します。危険を予測することをマイナス思考ととらえる人もいるかもしれませんが、落とし穴を避けることができるなら、あなたの洞察を皆で共有すべきです。あなたの意図が誤解されないように、障害だけでなくそれを防いで乗り越える方法も一緒に指摘するとよいでしょう。自分の洞察力を信じ、その努力を成功につなげるために使ってください。
・あなたは人のアイデアを頼りないと思っているわけではありません。客観的にあらゆる面から計画を見てしまうのです。あなたの戦略的思考にはそうした性質があることを他の人たちにもわかってもらいましょう。反対論者ではなく、何が起きても目標が確実に達成される方法を検証しているのです。自分の最終目標を視野に置きながら、他の人たちの見解も検討するはずです。
・可能なかぎり自分の直感的な洞察を信じましょう。人には論理的に説明できないかもしれませんが、あなたの直感は本能的に予測し予想する脳によって生み出されたものです。自分の見解に自信を持ちましょう。

・〈活発性〉の高い人とパートナーを組みましょう。この人の行動に対するニーズと、あなたの予測に対するニーズが結びつくことで強力なパートナーシップが生まれます。

・新しい計画や新事業には必ず初期段階でかかわりましょう。革新的でありながらもよく練られたあなたのアプローチは立ち上げにかかわった人たちが視野狭窄に陥るのを防ぎます。冒険的な新事業を興すときには非常に重要な意味を持ちます。

〈戦略性〉が高い人との働き方

・計画立案にはこの人を関与させましょう。「もしこうなったら何が起こる？　もしこれが起きたらどうなる？」と将来のことを聞いてみましょう。

・アドバイスを求める前に考えるための十分な時間をこの人に与えてください。この人は頭のなかでひととおりいくつかのシナリオを展開するまで、自分の意見を口にしません。

・あなたの業界で有効な戦略を見聞きしたら、この人と共有しましょう。この人の思考を刺激するでしょう。

セ

達成欲

Achiever

〈達成欲〉という資質は、あなたの原動力をうまく説明してくれます。〈達成欲〉には常に何かを成し遂げている必要がある、という特徴があります。あなたには毎日がゼロからのスタートのように感じられます。あなたは自分自身に満足するために、一日が終わるまでに何か具体的なことを成し遂げなければなりません。そして、あなたにとって「毎日」とは平日も週末も休日もすべてを含めた一日一日を意味します。どんなに今日は休もうと思っていたとしても、何も達成することなくその日が過ぎてしまうと、あなたには小さな満たされない思いが残るでしょう。あなたのなかには炎が燃えています。それが次から次へとあなたを行動に駆り立て、達成させていきます。ひとつ何かを成し遂げるとその炎は一瞬静まりますが、またすぐに燃え出し、次の目標へまた次の目標へとあなたを前進させ続けます。達成に対するあなたの絶え間ないニーズは、必ずしも論理にかなっていないかもしれません。方向すら定まっていないかもしれません。しかし、常にあなたについて回ります。〈達成欲〉が旺盛なあなたは、このわずかに満たされない気持ちとうまく付き合っていけるようにしなければなりません。この気持ちには利点があるからです。長い時間燃え尽きることなく働くために必要なエネルギーをあなたに与えてくれます。新しい仕事や難しい仕事にとりかかるとき、いつでも頼れる起爆剤となります。これがエネルギーの源となって、あなたは職場のペースメーカーとなり、全体の生産性のレベルを上げることができます。これが、あなたを動かし続ける資質なのです。

〈達成欲〉が高い人たちの声

メラニー・K（救急看護師）「毎日ポイントを貯めなければ、成功した気分になれないの。今日はここに来て30分だけど、もう30ポイントも獲得したわ。救急医療室の備品も注文したし、機材も修理したし、看護師長とミーティングもしたし、コンピューター化された業務日誌をどう改善するかについて秘書と案を出し合った。今日やるべきことが書かれたリストにある90項目のうち30項目はすでに終わった。いまのところかなりいい気分よ」

テッド・S（セールス）「僕は去年、社内に300人いるセールス担当者のなかから年間最優秀賞に選ばれた。その日は気分がよかったんだけど、週末にはそれがまるでなかったようになってしまった。ゼロに戻ったんだ。〈達成欲〉がこんなに強くなかったらと思うよ。〈達成欲〉のせいでバ

タ

ランスのとれた生活からかけ離れ、仕事への執念に追い立てられてしまう。昔は自分を変えられるかもしれないと思っていたけど、いまは自分がこうプログラミングされているんだってわかった。この資質は本当に諸刃の剣だ。目標を達成するのを助けてくれるけど、好きなときにスイッチを入れたり切ったりできたらなとも思う。けど、いいかい、できないんだ。ただ、これをマネジメントして、仕事だけでなく生活のあらゆる部分の目標達成に目を向けることで、仕事への執着は避けることができるんだ」

サラ・L（ライター）「この資質は変わっているわ。まず、よい点は果てしなく挑戦し続ける生活を送れることね。でも、目標を達成した気がしないのよ。時速１２０キロで一生、坂をかけ上がり続けさせるの。いつも抱えきれないほどやることがあるから休めないの。でも結局、何もないよりいいと思うわ。私はこれを『天が与えた落ち着きのなさ』と呼んでいるんだけど、もしいま私が持っているものすべてがこの贈り物のおかげならそれでもいい。それを受け入れるわ」

行動アイデア

・好きなだけ忙しく働けて、生産性を測るよう奨励される仕事を選びましょう。こうした環境であなたは挑戦することにやりがいを感じ、いきいきとします。

・〈達成欲〉が高い人は「忙しい」と感じることが好きですが、同時にいつ「終了」するのかを知っている必要があります。着実な進歩や具体的な結果につなげるために目標に到達するまでのスケジュールと目安を決めておきましょう。

・祝ったり表彰したりする機会を日々の生活に取り入れることを忘れないようにしましょう。〈達成欲〉が高い人は自分の成功を認識せず、次の挑戦へ移ってしまうことがよくあります。成長や達成を喜ぶ機会を節目ごとに設けて、この流れを止めるようにしてください。

・行動する意欲が高いため、会議は少しつまらなく感じるかもしれません。もしそうなら、前もってその会議の目標を確認したり、会議中はその目標に対する進捗状況を記録したりすることで〈達成欲〉の資質に訴えましょう。会議を必ず生産的で効果的なものにすることができます。

・専門分野に関する学会や講義に出席したり資格を取得したりすることで、学ぶことを続けましょう。そうすることでさらに目標が増え、達成できる可能性を広げることができます。

・他の人たちから意欲を高めてもらう必要はありません。挑戦する目標を定めることで自らやる気になります。その特性を活かしましょう。プロジェクトを終わらせるごとに、さらに難度の高い目標を設定しましょう。

・よく働く人をパートナーにしましょう。さらに多くのことを成し遂げるために彼らと目標を共有しましょう。

・個人的に達成したことも、あなたの「評価システム」に加点しましょう。それによって仕事だけでなく家族や友人にも〈達成欲〉の資質を向けることができるようになります。

・仕事がたくさんあるほど、あなたはわくわくします。前方に待ち受けている可能性は過去に成し遂げてきたことよりもずっと、あなたをやる気にさせるのです。率先して新しいプロジェクトを開始しましょう。満ちあふれるあなたのエネルギーがチームの熱意と勢いを生み出すでしょう。

・より多くの仕事をしたいからといって、いい加減な仕事をするわけではないことをはっきりさせましょう。生産性の高さと質の高さの両方を保証するために、その結果を測定できる基準をつくりましょう。

〈達成欲〉が高い人との働き方

・この人のそばで働くことで信頼関係を築きましょう。一緒に一生懸命働くことで、この人は絆の深まりを感じます。「なまけもの」には非常にいらだちます。

・この人は忙しいことが好きなのです。会議中ただ座っていることをとても退屈に感じるでしょう。本当にこの人を必要とする会議や意欲的に取り組める会議にのみ出席させましょう。会議に出席する必要がなければ、自分の抱えている仕事をしてもらいましょう。

・この人は寝不足や早起きも平気かもしれません。早朝出勤や残業が必要なときは、この人に頼んでみましょう。また、「仕事を終わらせるのに、昨日はどのくらい遅くまで働いていたの?」「今朝は何時に来たの?」と聞いてみましょう。こうした心遣いに感謝するはずです。

タ

着想

Ideation

あなたは着想に魅力を感じます。では、着想とは何でしょうか。着想とはほとんどの出来事を最もうまく説明できる考え方です。あなたは複雑に見える表面の下に、なぜ物事はそうなっているかを説明する的確で簡潔な考え方を発見すると、うれしくなります。着想とは結びつきです。あなたのような考え方を持つ人は、いつも結びつきを探しています。見た目には共通点のない現象に何となくつながりがありそうだと、あなたは好奇心をかき立てられるのです。着想とは、皆がなかなか解決できずにいる日常的な問題に対して新しい見方をすることです。あなたは誰でも知っている世の中の事柄を取り上げ、それをひっくり返すことに非常に喜びを感じます。それによって人々は、その事柄を変わっているけれど意外な角度から眺めることができます。あなたはこのような着想すべてが大好きです。なぜなら、それらには深い意味があるからです。なぜなら、それらは目新しいからです。明瞭であり、逆説的であり、奇抜だからです。こうしたすべての理由であなたには、新しい着想が生まれるたびにエネルギーが電流のように走ります。他の人たちはあなたのことを創造的とか独創的とか、あるいは概念的とか、知的とさえ名付けるかもしれません。おそらく、どれもあてはまるかもしれません。どれもあてはまらないかもしれません。ただ確実なのは、着想はあなたにとってスリルがあるということです。そして、ほとんど毎日そうであればあなたは幸せなのです。

〈着想〉が高い人たちの声

マーク・B（ライター）「物事のあいだにあるつながりを発見すると頭が回りはじめます。ルーブル美術館にモナ・リザを観にいったときのことです。角を曲がると小さな絵に向けてたくさんのカメラのフラッシュがたかれていて目がくらみました。なぜか、その光景が記憶に残ったんです。そのとき見つけた『フラッシュをたかないでください』という掲示も頭に残りました。カメラのフラッシュは絵画を損傷するという記事を読んだことがあったので奇妙だと思ったんです。それから約半年後、モナ・リザは今世紀に2度も盗まれたことを知りました。すると突然すべてがつながったのです。これらの事実をすべて説明できるのは、本物のモナ・リザはルーブルに展示されていないということです。本物は盗まれ、自分たちの落ち度を認めることを恐れた美術館は偽物を展示していたのです。本当かどうかはわかりませんが、なんて腑に落ちる話なんでしょう」

チ

アンドレア・H（インテリア・デザイナー）「すべてがうまく合っていないと妙な気分になります。私にとっては家具のひとつひとつが目的を持っているんです。ひとつの家具はそれひとつでも他の家具と組み合わせても機能しますが、それぞれの家具が持っている『目的』はとても強力でそれ以外のことには使えません。もし私がそのイス本来の機能を果たしていない部屋でそのイスにこしかけたら、快適ではないし精神的にも落ち着かないでしょう。そのイスが部屋に合っていないか、間違った方向を向いているか、コーヒーテーブルに近すぎるかのどれかです。その後もそのことが頭から離れないでしょう。午前3時に起きて、その人の家のなかを想像して、家具の配置を直したり、壁の色を塗り直したりしてみるでしょう。若いときから、いえ7歳のときにはすでにそうでした」

行動アイデア

・マーケティングや広告、ジャーナリズム、デザイン、新商品の開発など、あなたのアイデアが功績になり、それで対価を得る仕事を探しましょう。
・あなたはおそらく飽きやすいので、職場でも家でも小さな変化を起こしましょう。実験しましょう。自分で頭脳ゲームをしてみましょう。どれもよい刺激になるでしょう。
・考えやアイデアを頭のなかでまとめてから、誰かに伝えるようにしてください。〈着想〉の資質が低い人は、面白そうだが不完全なアイデアの一部分だけを聞かされても、その全体像をつかみ取ることができません。せっかくのアイデアが拒絶されてしまうかもしれません。

・あなたのアイデアがすべて現実的、または実用的なわけではありません。アイデアを編集することを学びましょう。また、あなたのアイデアを「検証」して、落とし穴がないかどうか探ってくれる、信頼できる友人か同僚を見つけましょう。

・何があなたの〈着想〉の資質を刺激するのか知っておきましょう。いつ最高のアイデアが生まれましたか。人と話しているときですか。読書しているときですか。単に人の話を聞いたり観察したりしているときですか。あなたが最高のアイデアを生み出せる環境を書き留めておき、それを再現しましょう。

・読書する時間をスケジュールに組み入れましょう。他の人たちのアイデアや経験は、あなたの新しい発想のもとになりえます。考えることはあなたを活性化させるので、そのための時間をとりましょう。

・あなたは調査や開発といった仕事に向いています。夢やビジョンを持った人たちの考え方がよくわかるはずです。想像力に富んだ同僚と時間をともにし、彼らとのブレインストーミング・セッションに参加しましょう。

・〈分析思考〉の資質が高い人とパートナーを組むとよいでしょう。この人はあなたに質問を投げかけ、挑んできます。あなたのアイデアを強化してくれるでしょう。

・あなたの抽象的で概念的な考え方についていけず、途中で興味を失ってしまう人たちもいるかもしれません。図にしたり、たとえを用いたり、順を追ってわかりやすく説明したりして、アイデアを具体的に伝えましょう。

・知識を集めて、あなたの〈着想〉の資質の糧としましょう。自分の専門とは異なる分野や産業について学びましょう。新しいものを生み出すために外部から得たアイデアを用いたり、さまざまなアイデアを結びつけたりしましょう。

〈着想〉が高い人との働き方

・この人は言葉が持っている力を楽しみます。コンセプトやアイデア、パターンにぴったっとあてはまる言葉の組み合わせが心に浮かんだらこの人と共有しましょう。この人の思考を刺激するはずです。

・この人は販売戦略や広告キャンペーン、ソリューション・サービス、新製品などの設計で特に大きな力を発揮するでしょう。可能な限り、創造的な仕事に取り組ませましょう。

・新しいアイデアを与えてみましょう。そうすることでこの人は成長します。新たな発想を得て燃えるだけでなく、それを使ってさらに新たな気づきを得たり、発見したりするでしょう。

調和性

Harmony

あなたは同意点を求めます。あなたは衝突や摩擦から得るものはないという考えを持っているため、そのような争いを最小限にしようとします。周囲の人々が異なる意見を持っていることがわかると、あなたはそのなかの共通する部分を見出そうとします。あなたは彼らを対立から遠ざけて調和に向かわせようとします。事実、調和はあなたの行動を左右する価値観のひとつです。人々が自分の意見を他人に押しつけるためにムダにしている時間の多さは、あなたには信じがたいほどです。もし私たちが意見を述べることを控え目にし、代わりに同意や支援を求めるようにすれば、皆がもっと生産的になれるのではないでしょうか。あなたはそう信じています。そしてその信念によって生きています。他の人が自分の目標や主張、強く抱いている意見を声高に話しているとき、あなたは沈黙を守ります。他の人がある方向に動き出すと、あなたは調和という名のもとに（彼らの基本的価値観があなたの価値観と衝突しない限り）、喜んで彼らに合わせてあなた自身の目標を修正するでしょう。他の人たちが自分たちのお気に入りの理論や考えについて議論を始めると、あなたは論争を避ける方向に持っていき、全員が賛同で

チ

きる実用的で地に足の着いた事柄について話すことを選びます。あなたの見方では、私たちは全員同じ船に乗り合わせていて、これから向かおうとしているところにこの船を到着させる必要があるのです。それはしっかりした船です。単に自分が船を揺り動かせることを示すために、わざわざそうする必要などないのです。

〈調和性〉が高い人たちの声

ジェーン・C（ベネディクト会修道女）「私は人が好きです。調整力が高いので簡単に人とかかわることができます。私は容器に注がれる水みたいなものです。だから滅多にイライラしません」

チャック・M（教師）「クラスのなかで対立があるのは好きではありません。けれども、それをすぐに止めようとする代わりに成り行きを見守ることを覚えました。教えはじめたばかりのころは、誰かがネガティブなことを言ったら、『なんでそんなことを言わなければいけないんだ？』と考えてすぐに取り除こうとしたでしょう。でもいまは、クラスの誰か他の子の意見を聞いてみます。そうすることで皆が同じ話題でもいろいろ違った見方ができるようになります」

トム・P（技術者）「いまでもよく覚えているんだけど、10歳か11歳のころ同級生が議論を始めたんだ。なぜだかわからないけど、僕はその真ん中に割って入って、共通項を見つけなければいけない気分になったんだ。僕は調停人だったんだよ」

行動アイデア

・〈調和性〉の資質を使って違う視点を持つ人たちとの交流の輪を広げましょう。専門的な知識が必要なときには彼らに頼りましょう。あなたは違う視点も広く受け入れるので多くのことを学ぶでしょう。

・ふたりの人が議論していたら、彼らの考えをどう思うか、彼ら以外の人たちにも聞いてみましょう。会話に参加する人数を増やせば、すべての人が同意する部分を見つけやすくなります。こうして皆を結びつけることができます。

・日常的に人と対立する職務は避けてください。たとえば、大量に勧誘の電話をしなくてはいけないセールスや非常に競争的な職場での仕事は、あなたをイライラさせるか落ち込ませてしまうでしょう。

・対立せずに軋轢を解決する技術を磨きましょう。そうした技術を身に付けておかないと、問題を解決しないで逃げるだけになってしまうかもしれません。それがあなたに受動的攻撃性行動（怒りを直接表現せず、逃げることや無言の拒否をすることで抵抗する行動）をとらせてし

チ

まう恐れがあります。

・〈指令性〉や〈活発性〉の資質の高い人とパートナーを組みましょう。争いを解決するために行ったあらゆる努力がうまくいかなくても、あなたがそこから逃げ出さずに正面から対峙するのを彼らが助けてくれます。

・参加者たちが自分の意見が本当に聞き入れられていると感じられる交流会やフォーラムを設けましょう。そうすることで人々はより意欲的にプロジェクトや活動にかかわるようになるでしょう。

・あなたはすべての人に話す機会を与えることで調和をはかろうとします。しかし、人によってはそれがうまくいかず、調和をかき乱すこともあるということを覚えておいてください。たとえば、並外れた〈達成欲〉の持ち主は、それよりも決断を下して行動したいと渇望しているかもしれません。聞くことの重要性を簡潔かつ効果的に伝える方法を学びましょう。

・調和を生み出そうとするあなたの努力を利用する人がいるかもしれません。このことを念頭に置いておきましょう。全員に話す機会があると、延々と自己弁護したり、目の前の課題とは関係ない高尚な議論を始めたりする人もいるかもしれません。こうしたときは遠慮せず割って入り、現実的な話に戻しましょう。人の話を聞くことと効率性のバランスが調和をはかるためのカギです。

・議論するときは、理屈ではなく物事の実際的な側面を探すようにしましょう。人々が現実を理解するのを助けるのです。そこから合意の糸口が見えてきます。

・あなたは違いを自然に受け入れます。優秀な専門家が入ってきたらすぐに席を譲ります。さらにはそれを一歩進めて、意見やアドバイスを聞くために、より優秀な専門家を招き入れましょう。

〈調和性〉が高い人との働き方

・できる限り、この人を軋轢や確執から遠ざけるようにしましょう。人々が対立しているところの人は本来の力を出せません。感情的な議論が予測される会議には呼ばないようにしましょう。

・物議をかもしている話題についてこの人と議論をしても時間のムダでしょう。この人にとっては論争すること自体が楽しいものではないのです。それよりも、どんな行動がとれるかといった現実的な問題について議論するようにしましょう。

・この人は膠着状態にある議論を打開することができます。必ずしも議論となっている問題を解決するわけではありませんが、他の人たちが合意できる妥協点を見つけます。この合意点こそがともに生産力を上げる出発点となるのです。

チ

適応性 *Adaptability*

あなたにとっては、いまこの瞬間が最も重要です。あなたは将来をすでに決まっているものとは考えていません。将来というのは、いまあなたが行う選択によって変わっていくものだと考えています。つまり、それぞれの時点で進む方向をひとつずつ選択することによって将来を見出すのです。これは計画性がないということではありません。おそらく計画は立てているでしょう。たとえ計画が予定どおりにいかなくなったとしても、〈適応性〉の資質によって、あなたはそのときどきの状況に容易に対応することができるのです。なかには突然の要請や予期せぬ回り道に憤慨する人もいますが、あなたは違います。あなたはそれらを期待しているのです。それらは必然のことであり、実のところ、あなたはある程度それを待ち望んでいます。あなたは生まれつき大変柔軟性のある人です。仕事上、いくつものことに同時に注意を払わなければならない場合でも、あなたは常に生産性を保つことができます。

〈適応性〉が高い人たちの声

マリー・T（テレビ局プロデューサー）「生放送は大好き。だって何が起こるかわからないから。若者が喜ぶクリスマスのギフトについてコーナーで伝えたと思ったら、1分後には大統領選の候補者の記者会見にかかわってるわ。考えてみればずっとこんな感じだった。この瞬間を生きているの。誰かに『明日の予定は？』って聞かれたら、『知るわけないでしょう。そのときの気分よ』っていつも答えてる。ボーイフレンドをイライラさせてしまうのよ。彼が日曜の午後に骨董市めぐりの計画を立てていたとするでしょう。そうすると、私が直前に気が変わって『ねえ、うちに帰って新聞の日曜版を読まない？』って言うから。迷惑でしょう？　でもね、前向きに考えると私は何にでも対応できるのよ」

リンダ・G（プロジェクト・マネジャー）「知る限り、私が職場で一番静かな人間ね。誰かがやってきて、『計画を間違えた。明日までに変更する必要がある』と言ってきたら、同僚はピリピリしたり唖然としたりしているように見えます。私はなぜかそのようにはならないんです。瞬間的に反応しなければいけないプレッシャーが好き。生きている感じにさせてくれる」

ピーター・F（企業研修官）「人よりも人生にうまく対応できていると思うよ。先週、クルマのガラスが壊されてステレオが盗まれたんだ。もちろんイライラしたよ。でもそれで一日を台無しにはしなかった。クルマを掃除して気持ちを切り替え、そのままその日にやらなければならなかったことに取り掛かったんだ」

行動アイデア

・日常的な出来事で他の人たちが動揺することがあっても、あなたは落ち着いて対応することができます。どんなときでも安心感があるという評価をさらに高めましょう。

・予定どおりに行動することが求められる任務につくのは避けてください。こうした任務は、すぐにあなたをイライラさせます。独立心が抑えつけられ、やる気を失うでしょう。

・プレッシャーがかかったときには、弱気になった友人や同僚、顧客が気をとり直すのを助けて状況を取り仕切りましょう。〈適応性〉とは単に柔軟に対応するだけでなく、落ち着いて賢明かつ迅速に状況に対応することだ、ということを示しましょう。

・生まれ持った柔軟性を都合よく人に使われないようにしてください。〈適応性〉という資質はあなたにとって非常に役に立つものですが、他の人たちの要求や願望、気まぐれに振り回されてはいけません。長い時間をかけて培ったあなたの実績を傷つけてしまいます。いつ柔軟に対応し、いつ強硬に対応するか、判断できるようにガイドラインを決めておきましょう。

・常に急変する事態に対応することが成功のカギとなる職務を探しましょう。ジャーナリズムや生放送のテレビ制作、救急医療、カスタマーサービスなどが挙げられます。こうした仕事では迅速に対応できること、そして冷静であることが最も必要とされます。

・いち早く対応するための工夫をしましょう。たとえば、突然の出張が多い仕事なら30分で荷造りして出かける方法を身に付けておきましょう。突然、予定外のプレッシャーに見舞われることのある仕事なら、そうしたときに必ず最初にとるべき3つの動作を準備しておきましょう。

・計画を立てる際、他の人たちを頼りにするのもひとつの手です。〈目標志向〉や〈戦略性〉〈信念〉の資質が高い人は、あなたが長期的な目標を立てるのを助けてくれるので、あなたは日々の変化に対応することにのみ力を発揮できます。

・〈適応性〉の資質は、急展開する事態にも冷静に対応できるバランスのとれた物の見方をあなたに与えてくれます。「覆水盆に返らず」と考えられるからこそ、挫折から立ち直るのも早いのです。こうした特徴が「われ関せず」ではなく生産的な柔軟性であることを同僚や友人にわかってもらいましょう。

・厳密な手順に従う必要がある業務は避けてください。変化に富むことを求めるあなたを窒息させてしまいます。もし達成しなければならない業務リストを渡されたら、そのリストを使ってゲームをしましょう。そうして、柔軟性を求める自分を満たすのです。同じやり方で創造的になれるか、業務をもっと楽しくできないか考えてみましょう。

・あなたの態度は人を安心させます。友人や同僚のイライラを静めるために役立てましょう。過去に同じような状況でどうふるまったかを思い出し、もう一度行ってみてください。

〈適応性〉が高い人との働き方

・本能的に柔軟な対応ができるこの人は、どんなチームにおいても貴重な存在です。途中でうまくいかなくても新たに直面した状況に合わせて計画を進めようとします。他人事のようにただそれを見て、文句だけを言うようなことはありません。

・この人の「流れに身をまかせる」姿勢は、他の人にとって新たな試みや気づきとなる、すばらしい環境を生み出すでしょう。

・即実行が求められる短期の任務でこの人は最も生産的になるでしょう。この人は長期戦よりも、たくさんの短期決戦が続く生活を好みます。

内省

Intellection

あなたは考えることが好きです。あなたは頭脳活動を好みます。あなたは、脳を刺激し、縦横無尽に頭を働かせることが好きです。あなたが頭を働かせている方向は、たとえば問題を解こうとしているのかもしれないし、アイデアを考え出そうとしているのかもしれないし、あるいは他の人の感情を理解しようとしているのかもしれません。何に集中しているかは、あなたの他の強みによるでしょう。一方で、頭を働かせている方向は一点に定まっていない可能性もあります。〈内省〉の資質は、あなたが何を考えているかというところまで影響するわけではありません。単に、あなたは考えることが好きだということを意味しているだけです。あなたはひとりの時間を楽しむ類の人です。なぜなら、ひとりでいる時間は黙想し内省するための時間だからです。あなたは内省的です。ある意味であなたは自分自身の最良の伴侶です。あなたは自分自身にいろいろな質問を投げかけ、自分でそれぞれの回答がどうであるかを検討します。この内省作業により、あなたは実際に行っていることと頭のなかで考えて検討したことを比べたとき、若干不満を覚えるかもしれません。あるいはこの内省作業は、その日の出来事や予定している

ナ

人との会話などといった、より現実的な事柄に向かうかもしれません。それがどの方向にあなたを導くにしても、この頭のなかでのやりとりはあなたの人生で変わらぬもののひとつです。

〈内省〉が高い人たちの声

ローレン・H（プロジェクト・マネジャー）「私に会った人のほとんどは私のことを外向的だって見なすと思うよ。人が好きだっていうのは否定しない。でも、公の場で働くために、どのくらいひとりの時間が必要かを知ったら驚くと思う。ひとりで過ごすのが本当に好きなんだ。あれこれ散漫な視点を煮詰めていくことができるから孤独は大好きだ。最高のアイデアが出てくるのはここからさ。私の場合、アイデアは煮詰めて『熟成』させなきゃいけない。子どものころからよくこう言ってたんだよ。『アイデアは仕込んだ、あとは熟成するのを待たなくちゃ』って」

マイケル・P（マーケティング担当重役）「おかしいんだけど、まわりがざわざわしていないと集中できないんだ。脳のある部分が占領されている必要があるんだよ。でないと考えがいろんな方向へ行ってしまって何も終わらない。脳のある部分をテレビや子どもたちが走り回る音で占領させておくとよく集中できるんだ」

ジョージ・H（工場長、元政治犯）「罰として独房に入れられたことがあるんだけど、他の人たちより全然、嫌じゃなかった。孤独になるって思うだろう。でも僕はそうならなかった。人生を思い返したり、自分がどんな人間か見つめ直したり、家族や価値観など自分にとって本当に大切なことを整理したりするのにその時間をあてたんだ。変な話だけど独房は自分を落ち着かせて、より強くしてくれたよ」

行動アイデア

・哲学や文学、心理学の勉強を始めたり、続けたりすることを考えてみてください。あなたの思考を刺激してくれるこれらのテーマを楽しいと感じるはずです。

・考えたことを日誌や日記に箇条書きで書き留めていきましょう。そこでのアイデアが、あなたの思考を生み出すための種となり、価値ある洞察へと発展していくでしょう。

・あなたが「偉大な思想家」と考える人たちとは意識的に関係を築きましょう。彼らの事例は、あなたを思考に集中させてくれます。

・あなたがドアを閉めてひとりの時間を過ごしていると、他の人たちはあなたとのあいだに距離を感じ、よそよそしく思うかもしれません。これは単にあなたが考えるときのスタイルであ

ナ

り、人間関係を軽視しているからではなく、相手との関係に最善をもたらしたいからそうしているのだ、と説明してください。

・計画の最初から最後までじっくり考えをめぐらせる時間があるときに、あなたは最高の力を発揮します。プロジェクトの実行段階で加わるより、初期段階からかかわりましょう。最終段階で加わると、すでに決定済みの事項を狂わせたり、あなた自身の洞察が手遅れとなったりする恐れがあります。

・人を知的で哲学的な討論に参加させることは、あなたが物事を理解するための方法のひとつですが、このやり方はすべての人にはあてはまりません。挑発的な質問は必ず、あなたと同じように、こうした討論による意見交換を楽しめる人に対して向けるようにしてください。

・考える時間をスケジュールに入れましょう。それがあなたをいきいきとさせます。こうした機会には、考えることに没頭しましょう。

・書くための時間をつくりましょう。書くことはあなたにとって、考えをまとめて具体化する最善の方法かもしれません。

・あなたが関心を持つものと同じ話題を語りたいと思っている人を見つけましょう。あなたが興味を抱いているテーマについて話し合える場を設けるのもよいでしょう。

・相手の質問の中身を見直したり会話に参加させたりすることで、あなたの周囲にいる人たちの知的資本を活用しましょう。同時に、それを威圧的に感じる人もいれば、注目を浴びる前に考える時間を必要とする人がいることも覚えておきましょう。

〈内省〉が高い人との働き方

- 躊躇せず、この人の考えに挑みましょう。この人がそれを脅威として受け止めることはありません。逆に、あなたが自分に関心を持っている証拠として受けとるでしょう。
- 評価すべき本や記事、企画書などがあったらこの人に読んでもらい、考えを聞くとよいでしょう。この人は読むことが大好きです。
- 考えることはこの人の元気の源です。このことを活用しましょう。たとえば、なぜこれをやらなければならないのか皆に説明する必要があればこの人にも考えてもらい、説明の細部にいたるまで詰めるのを助けてもらいましょう。

ナ

分析思考

Analytical

〈分析思考〉の資質を持つあなたは、他の人に「それを証明しなさい。あなたの主張がなぜ正しいのか示しなさい」と強く要求します。このような詰問を受けると、自分のすばらしい理論がもろくも崩れ落ちるのを感じる人もいます。これがまさしく、あなたの意図するところです。あなたは必ずしも他人のアイデアを壊したいわけではないのですが、彼らの理論が堅固であることを強く求めます。あなたは自分自身を客観的で公平であると考えています。あなたはデータを好みます。データは人々の考えに左右されず、ありのままだからです。あなたはデータをみるとパターンと関連性を探し出します。一定のパターンが互いにどのように影響するのか、どのように結びつくのか、結果はどのようなものかを理解しようとします。そして、その結果が提示されている理論や目の前のの状況にふさわしいかどうかを知ろうとします。これがあなたのやり方です。あなたはこれらの点をひとつずつ明らかにして、根本的な理由を探し当てます。人はあなたのことを論理的で厳格であるとみます。その人たちは、いつかあなたのところにやって来て、誰か他の人の「非現実的な考え」あるいは「整理されていない考え」を話し、あなたの研ぎ澄まされた思考からみた意見を聞くでしょう。あなたの分析結果を伝えるとき、できれば決して厳しすぎないようにしましょう。そうでないと、その「非現実的な考え」が彼ら自身の考えである場合、その人はあなたを避けるようになるかもしれません。

〈分析思考〉が高い人たちの声

ホセ・G（教育行政官）「まだ漠然とした段階のときでも、構造や書式、パターンがわかる能力が私にはあります。たとえば、誰かが助成金の申請について話していたとします。それを聞きながら私の頭は無意識に申請可能な助成金の種類やどのような議論が適しているかを考え、どうすれば申請書にふさわしい明確かつ説得的な方法でそれを文書化できるかを弾き出します」

ジャック・T（人事部長）「異なる意見を言うときには、事実と論理的思考で裏付けられたものでなければなりません。たとえば誰かが、わが社の給料は他社ほど高くない、と言ったとします。私はいつもこう尋ねます。『なぜそう思ったの？』と。『他社が新卒の機械エンジニアに5000ドル以上、私たちより高い給料を払うと提示しているのを新聞広告で見たんだ』と彼らが答えたら私は『勤務地はどこ？　地域差はないかい？　どういう種類の会社なの？　私たちと同じメーカーかい？　サンプルは何人？　3人のうち1人が平均を引き上げているかもしれないよ』と返すでしょう。それが事実に基づいた意見で、データ解釈の誤りに基づいたものではないことを明らかにするために、たくさんの質問をするのです」

レスリー・J（校長）「学年が上がるとき、同じグループの生徒でも成績にばらつきのあることがよくあります。また、同じグループの子どもたちでも年によって成績が違います。なぜそうなるのか。どの建物にいる生徒たちなのか。何人の生徒が休まず出席したか。どの先生について、どんな指導方法がとられたのか。実際に起こったことを理解するためにこうした質問をするのが大好きなんです」

行動アイデア

・データを分析したり、規則性を発見したり、アイデアを整理したりすることに注意を払う仕事を選びましょう。たとえばマーケティングや金融、医療分野での調査、データベース管理、編集、危機管理などに秀でているでしょう。

・あなたの職種が何であれ、信頼できる情報源を見つけましょう。あなたの論理を補強する綿密に調査された情報源や数字があると、大きな効果が期待できます。参照するのに最も役立つ本やウェブサイト、刊行物などをあらかじめ選定しておきましょう。

・あなたの頭は常に動き続け、真実を見抜くための分析を行っています。しかし、他の人たちはそのことに気づいているでしょうか。あなたの考えを表現するのに最もよい方法を見つけましょう。それは書くことでしょうか、一対一の会話でしょうか、それともグループでの討論、あるいは講義やプレゼンテーションでしょうか。人に伝えることであなたの考えをより価値の高いものにしましょう。
・あなたが蓄積し分析した情報が必ず使われ、実行されるようにしましょう。それができない場合は理論から実践へ、思考から行動へとあなたを促してくれる人を探してパートナーにしましょう。この人はあなたの分析がムダにならないようにしてくれます。
・〈分析思考〉の資質を大きく伸ばしてくれる講座をとりましょう。特にあなたが高く評価する理論を構築した人について観察するとよいでしょう。
・あなたの〈分析思考〉の資質を他の人たちのために役立ててください。膨大なデータをまとめるのに悪戦苦闘している人たちや思考を組み立てるのに苦労している人たちからは大いに感謝されるでしょう。
・〈活発性〉の高い人をパートナーにしましょう。この人の持つ「性急さ」が分析段階から実行段階へとあなたを追い立ててくれるでしょう。
・あなたは確かな証拠をつかむまでずっと疑っているかもしれません。あなたの懐疑的な態度

フ

はその内容をより確かなものにしますが、それを個人的な批判として受けとる人たちもいるかもしれません。あなたの疑念が人ではなくデータに向けられたものであることを彼らにもわかってもらいましょう。

・データのなかにあるパターンを探しましょう。数字のなかに隠されたテーマや規則性、関連性に気づくでしょうか。点と点をつなげて緩やかな因果関係を推測することで、他の人たちにもその傾向やパターンを理解させることができるかもしれません。

・分析的なアプローチをとるあなたは、他の人たちが提案した新しいアイデアを論理的に受け入れてそれを支援するために、データや情報を必要としています。そのことを皆にわかってもらいましょう。

〈分析思考〉が高い人との働き方

・この人が重要な意思決定にかかわっている場合は、その問題について彼と一緒にとことん考え抜くために時間を割きましょう。この人は関連するすべてのことを知りたがります。

・すでに決めたことや原則を守りたいときは、この人にその裏付けとなる数字を見せましょう。直感的にその数字を読みとり、あなたの考えが信頼できることを示してくれるでしょう。

・この人にとって正確さはとても重要です。そのため、締め切りに間に合わせるよりも仕事をきちんとこなすことを優先する場合があります。期限が近づいたら、正確に仕事をやり遂げるための時間が十分にあるか確認するようにしましょう。

フ

包含 *Includer*

「もっと輪を広げよう」。これは、あなたが人生の基本としている信念です。あなたは人々をグループのなかに包含して、その一員であると感じさせたいのです。選ばれた者だけのグループを好む人たちとは正反対です。あなたは他の人たちを寄せ付けない、こうしたグループとのかかわりを積極的に避けます。あなたはグループの輪を広げ、できるだけ多くの人がグループに支えられることによる恩恵を受けられるようにしたいと考えています。あなたは誰かがグループの外側から中を覗いているような光景を嫌悪します。あなたはその人たちが温かさを感じられるようにグループのなかに引き入れたいと思っています。あなたは本能的に寛容性を持っている人です。人種や性別、国籍、性格、宗教がどうであれ、あなたは人をほとんど批判しません。批判は人の感情を傷つけるかもしれません。必要もないのに、なぜそんなことをしなければならないのでしょうか。あなたの包含という資質は、「人はそれぞれ違っており、その違いに敬意を払うべきだ」という信念に必ずしも基づいているわけではありません。むしろ、人は基本的に皆同じであるという確信に基づいています。人は皆、同じように重要なのです。ですから、誰ひとりとして無視されてはいけないのです。私たちひとりひとりがグループに含まれるべきです。私たちは皆、少なくともそれに値するのです。

〈包含〉が高い人たちの声

ハリー・B（転職コンサルタント）「私はとても恥ずかしがり屋でしたが、子どものときでさえ必ず誰かを遊びに誘っていました。学校でチームやグループをつくるときに誰かが参加しないなんてことは、あってほしくありませんでした。実際によく覚えているんですが、10歳か11歳のとき、私たちの教会のメンバーではない友だちがいました。教会では祝祭時の夜に子ども向けの催し物が行われるのですが、その彼が突然、教会の入口に現われたんです。私はすぐに立ち上がって彼を自分の家族のところへ連れてきました。そして同じ席に座らせたんです」

ジェレミー・B（被告側弁護人）「この仕事を始めたとき、私は出会った人たちとはほとんどその日のうちに仲よくなっていました。後になって、たくさんの問題を抱えていることがわかった人もいましたが、そのときにはもう夕食会や社交の輪に彼らを加えていました。共同経営者のマークは『なぜ彼を加えたんだい？』という感じでしたが。でもそれは、初めて会ったときに何が私

ホ

のボタンを押したのか、何が私をそんなに楽しませたのかを理解することにつきるんです。マークと私は必ず、彼らのそんな側面に着目するようにしていました。ひとたび誰かを自分の輪に入れたら外すことはしませんから」

ジャイルズ・D（企業研修トレーナー）「グループディスカッションに本気で取り組んでいない人がいるとすぐにわかるので、その人を会話に引き込むんです。先週、業績評価に関する長時間のディスカッションがありましたが、参加者のうちのひとりが一言も発言していませんでした。だから私は『モニカ、あなたは業績評価を受けたことがあったわね。どう思う？』と聞きました。こうしたことは、講師である私にとってとても役立っていると思います。だって、私が答えを知らないときでも、会話に引き込んだその相手が答えを教えてくれることがよくあるんですもの」

行動アイデア

・少数派の声を代表する任務につくことを考えましょう。彼らの代弁者となることで得られる大きな充足感があなたの原動力となります。

・多様な文化や背景を持つ人たちをまとめる機会を探しましょう。こうした分野でリーダーになるでしょう。

・組織やグループに新しく入ってきた人が他の人たちと親しくなるのを助けましょう。「すぐに仲間として受け入れてもらった」と感じさせる力をあなたは持っています。

・反エリート主義者であるあなたは特権意識を持った人たちと衝突するかもしれません。彼らの主張に反論するよりも、彼らが貢献したことのなかから共通点や共通する価値観を見出すために、〈包含〉の資質が持つ洞察力を使いましょう。

・悪いニュースを知らせなければならないときに感じる嫌な気持ちを受け入れましょう。あなたの立場を正当化してくれるパートナーを見つければ、必要以上に謝罪したり、内容を和らげて伝えたりしなくなります。

・誰もが魅力的で感じがよいわけではありません。扱いにくい人からうんざりさせられている友人や同僚はたくさんいるでしょう。しかし、あなたにはすべての人を心から気遣える、生まれながらの包容力があります。問題のある人との関係でどうしようもなくなったときに声をかけてくれればいつでも間を取り持つと、皆に伝えておきましょう。

・常に人とともに働き、交流する職務を選びましょう。すべての人に自分は重要だと思わせるのは難しいことですが、あなたはそれを楽しめるはずです。

・〈活発性〉や〈指令性〉の高い人とパートナーを組みましょう。誰かの心を傷つけてしまうかもしれない知らせを伝えなければならないとき、この人はあなたを助けてくれるでしょう。

・あなたを通して人と人がつながっていることを理解しましょう。あなたは、情報の伝達路の役目を果たしているのです。グループのあらゆる部分、すべての人たちとふれあい、お互いの関係を効果的につなぎとめておくことができるでしょう。

・皆に共通していることは何か、それを声に出して言いましょう。私たちのなかにある違い（多様性）を尊重するには、私たちが共有していること（類似性）に感謝することから始めなければなりません。そのことを皆に気づかせましょう。

〈包含〉が高い人との働き方

・グループ単位で働くとき、全員が参加しているかどうかこの人に確認してもらいましょう。見落とされている人やグループがないか、細心の注意を払うでしょう。

・これから新たに開拓できるかもしれない顧客や市場、機会について、この人に意見を求めましょう。

・大勢の人たちが集まる行事で「自然体」でいられないなら、〈包含〉の資質の高い人の近くにいましょう。この人は、あなたが必ず会話の輪の中に入れるようにしてくれます。

ポジティブ *Positivity*

あなたは、人をよく誉め、すぐに微笑みかけ、どんな状況でも常にポジティブな面を探します。あなたのことを陽気と言う人もいます。あなたのように楽天的になりたいと思う人もいます。しかし、いずれにしても人々はあなたのまわりにいたいと思います。あなたの熱意は人に伝染するので、あなたの近くにいると彼らには世界がよりよいものに見えてくるのです。あなたの活力と楽天性がないと、人は自分の毎日は同じことの繰り返しばかりで単調だとか、最悪の場合、プレッシャーを感じてしまいます。あなたは彼らの気持ちを明るくする方法を必ず見つけます。あなたはどんなプロジェクトにも情熱を吹き込みます。あなたはどんな進歩も祝福します。あなたはどんなことでも、よりエキサイティングで、よりいきいきとしたものにする方法をたくさん考え出します。一部の懐疑的な人たちは、あなたの活発さを否定するかもしれませんが、あなたはめったにそれに引きずられることはありません。あなたのポジティブさがそれを許さないのです。あなたは、生きていることはすばらしいという信念、仕事は楽しいものにできるという信念、どのような障害があろうと人は決してユーモアの精神を失ってはならないと

ホ

いう信念から、どういうわけか逃れられないのです。

〈ポジティブ〉が高い人たちの声

ゲリー・L（客室乗務員）「飛行機にはたくさんのお客様が乗っていますが、飛行中、ひとりかふたりを選び出してちょっとしたことをするの。これをずっと続けています。もちろん、すべての人に対して礼儀正しくプロ意識を持って接します。でも、それに加えてひとりの人に、あるいは家族やグループにジョークを言ったり、気楽に話しかけたり、ちょっとしたゲームをしたりして特別な気分にさせるのです」

アンディ・B（インターネット広告会社重役）「私は、みんなをわくわくさせることが大好きなタイプの人間です。いつも雑誌を読んでいて新しいお店とか新製品の口紅とか何か面白そうなことを見つけると、みんなにそれを話して回るんです。『ねえねえ、このお店に行かなきゃだめよ。すっごくいいわよ。この写真を見てよ。試してみて』って。自分が関心を持ったことを広く浸透させるのにすごく熱心なんです。やり手の女性営業職かといえば、そうではありません。実際、相手に契約を持ちかけるのは嫌いなんです。人を困らせるのは好きではありません。ただ、私が言ったことを『うわ、本当だった』と思わせることに情熱を燃やしているんです」

サニー・G（通信部長）「世界はネガティブな人たちに悩まされていると思うよ。もっと世界のよい部分に意識的に着目する前向きな人が必要だ。ネガティブな人には重苦しい気分にさせられる。前の職場で毎朝私のオフィスにやってきては愚痴をこぼしていく人がいたけど、わざわざ逃げていたよ。彼がやってくるのが見えるとトイレとか別の場所へ移動するんだ。彼といると世界は悲惨な場所のように思えて、それがすごく嫌だったんだ」

行動アイデア

・肯定的な面に目を向ける職務に秀でています。教育やセールス、起業、またはリーダーの役割を担うことで、あなたは物事を劇的に変えていくでしょう。

・あなたは人よりも熱意があり、エネルギーにあふれています。他の人たちがリスクをとることに躊躇していたり、乗り気になれなかったりしているとき、あなたはそれらを前進させる大きな力となるでしょう。いずれは皆があなたのことを、物事を上昇させる「気球」の役目を果たす人だと見るようになるでしょう。

・友人や同僚の活動に光をあてる計画を立てましょう。たとえば、ちょっとした功績を祝うイベントを開催するための方法を探したり、誰もが楽しめる定期的な祝賀行事を企画したり、祭

ホ

日を利用した企画を考えたりしましょう。

・単に認識が甘いから熱意を抱いているわけではないことを説明してください。あなたは悪いことが起きるかもしれないこともわかっています。あなたは単によいことに着目するほうが好きなのです。

・あなたは人々を励ますことで最高の喜びを得るかもしれません。感謝の気持ちを惜しみなく表し、誉めるときにははっきりと伝えましょう。常に自分の感情を具体的で明確かつ私的な感謝とお礼の言葉で表すようにしましょう。

・あなたが持つ〈ポジティブ〉の資質を他の人たちと分かち合うときには、それを保護して育むことも心がけましょう。必要なら、常に不満や愚痴をこぼしている人から離れて、あなたが持つ楽観性の糧になり生気を与えてくれる肯定的な環境に身を置くようにしましょう。

・障害にぶつかったとき、大した問題ではないふりをしてはいけません。どんな状況でもあなたは肯定的な側面を見つけますが、それは決して認識が甘いからではないことを人々に知らせる必要があります。「大変なことはわかっているが、それでも楽観的である」理由を皆に伝えてください。その肯定的なアプローチが現実に根ざしたものだと皆に理解されたとき、この資質は最も威力を発揮します。

・日々の出来事で落ち込んだ大勢の人たちが、あなたを頼ってくるでしょう。そのためにも、日ごろから楽しい話や冗談などを準備しておきましょう。あなたが人に与える影響力を低く見積もってはいけません。

・否定的な人は避けましょう。あなたの気分を滅入らせてしまいます。その代わりに、あなたと同じようにユーモアやドラマを見出している人を探しましょう。お互いに元気づけられます。

・物事が順調に進んでいることが他の人たちにもわかるよう、意識的に手を貸してあげましょう。あなたは、彼らの目をポジティブな面に向けさせておくことができます。

〈ポジティブ〉が高い人との働き方

・この人は職場にドラマとエネルギーをもたらします。あなたの会社をより前向きに、より活動的にしてくれるでしょう。

・〈ポジティブ〉の資質を持っているからといって、いつも機嫌がよいわけではありません。しかし、この人が言う冗談やその態度には、人をより前向きに仕事に向かわせる力があります。この人にはその強みを思い起こさせ、どんどん使ってもらうようにしましょう。

・皮肉を言うことが好きな人がいると、この人のエネルギーが奪い取られてしまいます。この人が喜んで否定的な人も元気づけるとは思わないでください。活性剤だけを必要とする基本的に前向きな人たちを元気づけることが得意なのです。

ホ

未来志向

Futuristic

「もし……だったら、どんなにすばらしいだろう」と、あなたは水平線の向こうを目を細めて見つめることを愛するタイプの人です。未来はあなたを魅了します。まるで壁に投影された映像のように、あなたには未来に待ち受けているかもしれないものが細かなところまで見えます。この細かく描かれた情景は、あなたを明日という未来に引き寄せ続けます。たとえば、より品質の高い製品やより優れたチーム、よりよい生活、よりよい世界といったこの情景の具体的な内容は、あなたの他の資質や興味によって決まりますが、それはいつでもあなたを鼓舞するでしょう。あなたは、未来に何ができるかというビジョンが見え、それを心に抱き続ける夢想家です。現在があまりにも失望感をもたらし、周囲の人々があまりにも現実的であることがわかったとき、あなたは未来のビジョンをたちまち目の前に呼び起こします。それがあなたにエネルギーを与えてくれます。それは他の人たちにもエネルギーを与えます。事実、あなたが未来のビジョンを目に浮かぶように話すのを人はいつでも期待しています。彼らは自分たちの視野を広げ、精神を高揚させることができる絵を求めています。あなたは彼らのためにその絵を描くことができます。練習しましょう。言葉を慎重に選びましょう。できる限りその絵をいきいきと描きましょう。人々はあなたが運んでくる希望に飛びつきたくなるでしょう。

〈未来志向〉が高い人たちの声

ダン・F（教育行政官）「私はどんな状況でもこう言うんだ。『これまで考えてみたことはあるかい？私は、もしそれができたら……って思っているんだ。できないとは思えない。まだ誰もやってないだけなんだ。どうやったらできるか考えてみよう』って。私は、現状から抜け出す選択肢をいつも探している。実際のところ、現状なんてものはないんだ。前進するか後退するかのどちらかさ。私からすれば、それが世の現実ってものだ。そしていま私の専門分野は後退している。州立校は、私立校やチャーター・スクール、ホームスクール、インターネット校に押されているんだ。私たちは自分を伝統から解放して、新しい未来をつくらなければならない」

ジャン・K（内科医）「ここメイヨー・クリニックでは、『ホスピタリスト』というグループを立ち上げる予定です。入院中、そのときどきによっていろいろな医師がその患者さんを診るのではなく、病院側がひとつの家族のように連携することを考えています。想定しているのは、多様な人種や性別から構成された15～20人の医師と20～25人の上級看護師です。外科医たちと、手術が必要な患者や入院中の高齢患者のケアを中心とした4～5種類の新しいサービスを開始します。ケアのモデルを再定義しようとしているのです。患者さんが病院にいるときだけ面倒をみるわけではありません。たとえば、ひざの置換手術にいらした患者さんには、ホスピタリスト・チームのメンバーが手術前に診察し、手術当日から退院するまでずっと担当します。6週間後、手術後の状態を検査するときも同様です。退院後に担当が代わって患者さんが困らないように一貫したケアを提供します。資金については詳細なプランが頭に浮かんだので、ずっと部長に説明してきました。とても現実的なプランなので助成金を提供しないわけにはいかないでしょう」

行動アイデア

- 未来に関するあなたのアイデアが役立つ職務を選びましょう。たとえば、起業やプロジェクトの立ち上げなどで卓越した手腕を発揮するかもしれません。
- 未来について考える時間をとりましょう。そうした時間をとればとるほど、より具体的なアイデアになります。アイデアが具体的であればあるほど、説得力が高まります。
- 未来に関するあなたのアイデアを深く理解し、話を聞いてくれる人を探してください。彼らはあなたのアイデアが現実のものになることを期待しています。そうした期待があなたの原動力となるのです。

・あなたと同じように〈未来志向〉の資質が高い友人や同僚を見つけましょう。そして1カ月に1時間ほどでよいので、「未来」について議論する時間をとりましょう。お互いの考えをより独創的でより具体的なものに高め合うことができます。

・〈活発性〉の資質の高い人とパートナーを組みましょう。この人はあなたに、未来は発見するものではなく、今日のあなたの行いによって生み出されるものだ、と思い出させてくれます。

・あなたは他の人たちにも未来のイメージをひらめかせます。しかし、彼らがそれを正確に理解するには少し漠然としすぎているかもしれません。ビジョンを人に説明するときは、具体的な言葉と事例を用いて未来を詳細に描写するようにしましょう。スケッチや段階的な行動プラン、モデルなどを使って、あなたのアイデアや戦略をより具体的なものにするのです。そうすることで他の人たちは、あなたの意図をつかむことができます。

・あなたのビジョンを実行したくてたまらない人たちのなかに自分の身を置きましょう。あなたの〈未来志向〉の資質が彼らをときめかせます。と同時に、あなたは彼らのエネルギーを使ってビジョンを実現することができます。

・あなたの未来志向の考え方を論理的に裏付ける準備をしてください。成功の可能性に満ちたあなたのビジョンはとてもわくわくするものですが、それが人々に受け入れられるのは現実的な可能性に根ざしているときです。

・〈未来志向〉の資質によって、ガイドやコーチになる素質があなたには備わっているかもしれません。しかし、あなたと違って他の人たちは水平線の向こうを簡単に見ることができないのです。あなたが彼らの将来をとらえたからといって、彼らもその可能性に気づいていると決めてかからないでください。できるだけ具体的にあなたが見たことを共有しましょう。それが彼らに前進する意欲を与えます。

・あなたは自然と未来へ思いをはせることができます。知識を得るために技術や科学に関する記事をどんどん読み、調査しましょう。それがあなたの想像力の糧となります。

〈未来志向〉が高い人との働き方

・この人は未来のために生きていることを心に留めておきましょう。彼自身のキャリアやあなたの会社、市場や現場などについて、この人が描いているビジョンを共有しましょう。

・将来の可能性についてよく話し合い、この人を刺激しましょう。質問をたくさんしましょう。この人が未来をできるだけ具体的に見通せるように促しましょう。

・興味を持ちそうなデータや記事をこの人に送りましょう。この人には未来志向の糧となるものが必要です。

目標志向

Focus

「私はどこに向かっているのか」とあなたは自問します。毎日、この質問を繰り返します。〈目標志向〉という資質のために、あなたは明確な行き先を必要とします。行き先がないと、あなたの生活や仕事はたちまち苛立たしいものになる可能性があります。ですから毎年、毎月、さらに毎週でさえ、あなたは目標を設定します。この目標はあなたの羅針盤となり、あなたが優先順位を決めたり、行き先に向かうコースに戻るために必要な修正を行ったりするのを助けてくれます。あなたの〈目標志向〉はすばらしい力を持っています。なぜならそれはあなたの行動をふるいにかけるからです。すなわち、特定の行動が目標へ近づくために役に立つかどうかを本能的に評価し、役に立たない行動を無視します。そして最終的に、あなたの〈目標志向〉はあなたを効率的にさせるのです。当然この裏返しとして、あなたは、遅れや障害に、たとえそれがどんなに興味深く見えようとも本筋から外れることにイライラするようになります。このことはあなたを集団の一員として非常に貴重な存在にしています。他の人が脇道にそれはじめると、あなたは彼らを本筋へ連れ戻します。あなたの〈目標志向〉は、目標に向かって進むために役に立っ

モ

ていないものは重要ではないのだということを、あらゆる人に気づかせます。そしても し重要でないなら、それは時間を割く価値がないということです。あなたは、あらゆる人を進路から外れさせません。

〈目標志向〉が高い人たちの声

ニック・H（コンピューター会社重役）「私にとって効率的であることはとても重要です。私はゴルフを2時間半でラウンドするタイプの人間で、エレクトロニック・データ・システムズに勤務していたときは、部署ごとにそれぞれ15分で査定できるように一連の質問を用意していました。創設者のロス・ペローは私のことを『歯医者』と呼んでいました。15分単位の会議に1日中、出たり入ったりしていたからです」

ブラッド・F（セールス幹部）「ムダな時間やムダな動きをなくすために、私はいつも優先順位をつけて、目標までの最も効率的な達成経路を見つけようとしています。たとえば、サービス部門に連絡する必要がある要件を持った顧客からよく電話を受けるのですが、彼らから電話があるたびにサービス部門に連絡して、その日の優先事項を中断するようなことはしません。その日の終わりに、すべての要件をまとめた連絡を一度だけして終わらせます」

マイク・L（理事）「私は、物事を大きな見通しのなかに位置づけて進めていきます。皆そのやり方に驚きます。他の人たちが何かにはまっていたり、見通しの甘さからくる障害にぶつかったりしていても、私はそれをひょいと飛び越えて目標を設定し直し、前進させるのです」

ドリアン・L（主婦）「私はただ核心をつくのが好きなんです。会話でも仕事でも、夫と買い物しているときでもそうです。夫はいろいろと試すのが好きでそれを楽しんでいますが、私はひとつ試着してそれが気に入り、ものすごく高いわけではなかったら買ってしまいます。目標をねらい定めた買い物の仕方なんです」

行動アイデア

・目標を設定するときは、きちんとスケジュールを定めて進捗状況を確認できるようにしましょう。これにより、確実に進展しているかどうかを節目節目で客観的に判断することができます。

・ひとりで独立してその役目を果たす職務を探しましょう。あなたは〈目標志向〉の資質を発揮して、ほとんど監督されなくても仕事を進めることができるでしょう。

・チームメンバーとしてのあなたの最大の貢献は、他の人たちに目標を設定させることです。あなたは会議の終わりに決定事項を概観し、その実行時期や次にグループで集まる日時を決める役割を担います。

・他の人たちは、あなたほど効率的に考え、行動し、話していません。注意してください。彼らの「まわり道」が、発見や喜びをもたらすこともあるのです。

・仕事以外でも目標を設定しましょう。特に、仕事上の目標に集中しすぎていると思ったら、私生活でも何か目標を定めてください。それによって個人的な優先事項が高くなり、生活のバランスがとれるようになります。

・任務に集中しているとき、あなたは時間を忘れてしまいます。どのくらい時間が経ったのかわからなくなってしまうのです。活動内容を表にしてスケジュールどおりに行うことで、すべての目標が達成され、優先順位が守られていることを確認しましょう。

・役割が明確で主導権を握れるわずかな仕事に集中できるとき、あなたは最高の力を発揮します。あなたの総合的なミッションと関係のないプロジェクトや業務は断ってもよいのです。そうすることで、あなたは最も重要な優先事項に労力を集中させることができます。他の人たちもそれを評価するでしょう。

・自分の強い願望を書きとめるための時間をつくり、それらを頻繁に見返しましょう。自分の人生をより掌握していると思えるはずです。

・職場では必ず、あなたの中期的な目標と短期的な目標を上司に伝えましょう。そうすることで上司は安心して、あなたが必要とする機会や可能性を与えることができます。
・必ず量と質の両方を考慮して目標を定めましょう。それらに整合性があれば、〈目標志向〉の資質を使うことで堅実かつ長期にわたる成功が必ず得られます。

〈目標志向〉が高い人との働き方

・重要な期限があるプロジェクトには、この人にかかわってもらうようにしましょう。この人は本能的に期限と責務を重視します。ひとたび期限付きのプロジェクトを抱えたら、それを終えるまでエネルギーのすべてを集中させて取り組むでしょう。
・この人は議題や予定がはっきりしていない会議が苦手です。この人が出席するときは会議の議題一覧を作成して、できる限りそれに沿って進めましょう。
・他の人たちの感情にいつも敏感であることを、この人に期待しないでください。多くの場合、人に気を配るよりも自分の仕事を終えることのほうが優先順位が高いからです。

モ

よくある質問

Q　すでに〈ストレングス・ファインダー1・0〉を受けています。〈2・0〉も受けるべきでしょうか？

A　それは、あなたしだいです。〈ストレングス・ファインダー2・0〉は、より早くより正確なものに改良されていますが、34の資質の名称は同じです。ですから、〈1・0〉の結果をそのまま使えます。

〈1・0〉と〈2・0〉の最大の違いは、アセスメントそのものより、その結果にあります。結果として提供される資料のひとつ「強みの洞察レポート」は、5000以上の回答の組み合わせに基づいたもので、〈2・0〉を受けた方のみに配布しています。また、この他の資料も用意されています。

すでに〈1・0〉を受けたことのある方が新たに〈2・0〉を受けたとき、「以前のトップ5とは少し違う結果が出た」こともあるかもしれません。これは、34の資質の順番を決める計算方法の確率によるものです。同じバージョンのアセスメントを数カ月後に再度受けた場合にも、同じことがありえます。トップ5の組み合わせや順番がまったく同じになるのは3300万人にひとりで、〈ストレングス・ファインダー〉は、外交的か内向的かといった性格検査とは違うものだからです。

私たちの試算によれば、〈1・0〉と〈2・0〉の結果を比べたとき、トップ5のうち少なくとも3つの資質が同じになることがほとんどです。最も多いのは、少なくとも4つの資質が同じ場合です。あなたの成長にとって大事なことは、「もしトップ5に新しい資質があった場合、それは以前トップ10に入っていたものだった可能性が高い」ということです。したがって、あなたはその資質を「失った」わけではありません。これまでレーダーの下に隠れていた新しい資質を見出す機会が訪れただけなのです。

訳者あとがき

行動を起こしたときに真の力が発揮される

本書を読み終えたあなたは、まず何をしようと思っていますか。アセスメントを受けたいま、あなたは自分自身について何を感じているでしょうか。新たな発見はありましたか。それとも、なぜその資質が高いのか腑に落ちず、このまま本を閉じて終わりにしようと思っているのでしょうか。

2008年、当時ギャラップ社の社内資格だった〈ストレングス・コーチング〉の資格を取得した私は、ストレングス・コーチング・セッションやチーム・ビルディングの導入を通して、成長曲線を飛躍的に駆け上がっていったたくさんの人たち、パフォーマンスを大きく改善させたたくさんのチームを目撃してきました。その効力を目のあたりにしているからこそ、私はこう問いかけたいと思います。

「本書を読み終えたあなたは、まず何をしようと思っていますか」

〈ストレングス・ファインダー〉を受けた人の数は、２０１７年初時点において全世界で１５００万人を超えました。このことからも、世界的な関心の高さ――いかに多くの人たちが自分の才能について知りたいと考えているかがわかると思います。２００１年に出版した『さあ、才能《じぶん》に目覚めよう』は、アメリカでも日本でもベストセラーになりました。

しかし、単に「面白かった」だけで終わらせてしまっては意味がありません。〈ストレングス・ファインダー〉が人の成長を促す強力なツールであることを目のあたりにしてきた私にとって、それは非常にもったいないことだと思います。才能を強みにしようと行動を起こしたときにこそ、真の力が発揮されるからです。

そうしたねらいのもとで出版されたのが、34の資質について〈行動アイデア〉を解説した本書です。本書の原著である*Strengths Finder 2.0*は、２００７年にアメリカで出版されて以来、ベストセラーとして「ウォールストリート・ジャーナル」で第1位を獲得するとともに、いまも多くの読者に読まれるロングセラーとなっています。

本書で述べているように、アセスメントの結果としてわかるのは「あなたの才能（すなわち潜在能力）」であって「あなたの強み」ではありません。このことを、私はよく次のように例えています。「才能」はダイヤモンドの原石であり、それを磨き上げたダイヤモンドこそが「強み」です。才能は、磨き上げて初めて、常に高いパフォーマンスを生み出す「強み」となるのです。

ぜひ、本書が示す〈行動アイデア〉を参考にして才能を磨き上げ、目標達成のために日常的に活用し続けていってほしいと思います。

会話から得られる気づき

〈ストレングス・ファインダー〉は、世論調査から出発したギャラップ社の強みであるインタビューおよびメタ分析と、開発者ドナルド・クリフトン博士の強みである心理学をかけ合わせることによって誕生しました。ともすると、アセスメントそのもの、あるいはアセスメント後に得られるレポートばかりが注目されがちですが、このレポートをもとにして、ぜひ周囲の人たちと「会話」をしてほしいと思います。そこから深い気づきが得られるはずです。

また、ひとりで行おうとすると3日坊主になりがちですが、仲間がいれば継続できます。ぜひ、チームにも本書の考えを取り入れてみてください。

〈ストレングス・ファインダー〉は、目の前にいる人の行動や発言の背景にどんな資質があるかを理解し、それをもとにして行動するための非常に有効なツールです。「どうしてできないの?」といらだっていたことも、相手があなたとまったく異なる思考回路や行動パターンを持っていることがわかれば、それほど腹立たしく思わなくなるでしょう。それどころか、相手に感謝するかもしれません。

チームに〈ストレングス・ファインダー〉の考えを導入すると風通しがぐっとよくなるのは、このためです。日本は同質的な社会だと言われていますが、皆でアセスメントを受ければ、その上位の資質が人によって大きく異なることに気づくでしょう。ひとりひとり違うからこそ、互いに補い合えるのです。相手の資質がわかれば、その人のニーズや意欲の源も予測しやすくなり、結果としてチーム全体のパフォーマンスの向上に役立ちます。

たとえば、〈活発性〉の高い同僚に「してほしいこと」を聞いてみましょう。「すぐに返事がほしい」と言われたなら、「これまで彼からすぐに返事を求められたのは、自分の仕事が遅いからではなく、彼の〈活発性〉が高いからだ」ということがわかります。まずはメールをすぐに返信するだけでも、仕事が円滑に進みはじめるでしょう。それよりもむしろ、「彼の行動の素早さがチームを救ったこともあったな」と、これまでのことを思い出すかもしれません。

さらには、レジリエンス（ストレスを跳ね返す力）を高め、あなたらしいマネジメントスタイルを確立するのにも役立ちます。

自分の資質を受け入れてそれを活用するとともに、部下や同僚の適性に合った役割を課すことで彼らの成長を促すことができれば、過重労働やパワハラも生まれません。自分と向き合うのがつらいときや、部下やチームに対して忍耐力を持ってあたらなければならないときもありますが、これを継続すれば必ず、以前とは違う日がくるはずです。チーム全体のパフォーマンスが向上するだけでなく、あなた自身が大きく満たされていることにも気づくでしょう。

〈ストレングス・ファインダー〉は、職場だけでなく家庭でも使えます。15歳以上であれば、子どもの潜在能力を特定してそれを育んだり、資質に合った勉強方法を考えるなど具体策に落とし込んだりすることができます。

子どもが15歳未満でアセスメントを受けられない場合でも、親が自分自身の資質を十分に理解していれば、イライラしたときでも「自分のなかのどの資質がそうさせているのか」を見極めることができるでしょう。自分ならではの子育ての方法を考える際にも役立ちます。

本書の第I部で著者のトム・ラスが述べているとおり、「人の優れた点に関する会話をもっと増やしていこう」――職場や家庭で周囲の人たちの長所やうまくいっているところにフォーカスしたたくさんの会話や行動を進めていってほしいと思います。

2つの注意点

「〈ストレングス・ファインダー〉を自己流で取り入れたがうまくいかない」という人がときどきいます。次の2つの点に注意してください。

1　レッテル貼りをしない

「あなたは○○の資質が高いから××だね」「○○が高いから、あなたはこういう人だね」といったレッテル貼りをしてしまうと、その後に待っているのは相手からの反発です。自分勝手なプロファイリングで相手を「こういう人だ」と決めつけたり押しつけたりするのはやめましょう。また、資質はそれ単体ではなく、複数の資質の組み合わせで機能します。組み合わせによって表面に出てくる行動や思考が異なるため、ひとつの資質で相手を決めつけると、その人の可能性を狭めてしまいます。

大事なことは、相手に問いを投げかけ、返ってきた言葉に耳を傾けることです。相手の話を引き出し、当人が自分自身で道を選択していくためのツールとして〈ストレングス・ファインダー〉を使ってほしいと思います。

2 採用や昇進のための材料にしない

〈ストレングス・ファインダー〉は、その人の成長やすでに存在しているチームがよりよく機能するために有効な「人材開発」のためのツールです。人材採用や昇進時の材料としては使えません。

行動アイデアでは「この資質にはこういった仕事が合うかもしれない」という例を挙げていますが、それは「その仕事をする（あるいは役割を果たす）ためには、この資質が必要だ」という意味ではありません。「この資質がないから、その仕事ができないのだ（役割を果たせないのだ）」といった言い訳には使わず、「あなたの上位の資質を使うことで、どうやってその仕事をしようか（役割を果たそうか）」と問いかけてください。

特に、会社の研修としてアセスメントを受ける際には注意が必要です。「素の自分」ではなく「組織人としての自分」として回答したので、「この資質は本当の私ではない」と思う人もいるようです。それを避けるためにも、「(アセスメントを受けるのは)より深くその人について理解するためであり、昇進などの材料として使うためではない」ことを事前に明らかにしておきましょう。

また、うつ病など精神的な不調を抱えている場合は、それが完治した後にアセスメントを受けることをお勧めします。

それでもうまくいかない場合、あるいはアセスメントの結果が腑に落ちない場合や自分自身のブランディングを確立したいなどという場合には、ストレングス・コーチのセッションを受けるのもよいでしょう。新たな気づきや視点が得られるはずです。実際、腑に落ちない資質のほとんどは誤解によるものです。

私も講師を務めている〈ギャラップ認定ストレングス・コーチング・コース〉は2015年以降、国内でも定期的に開講されており、現在は全国に100名以上の認定コーチが誕生しています。自分に合ったコーチを探すこともできるでしょう。

・ギャラップ認定コーチ・ディレクトリー

https://www.gallupstrengthscenter.com/Coach/en-US/Directory?language=5

・ギャラップ認定ストレングス・コーチング・コース
https://www.gallupstrengthscenter.com/Purchase/ja-JP/Courses

また、「強みに基づく職場づくり」に関心のある方はこちらを参照ください。
http://www.gallup.co.jp/204068/strengths-based-workplaces.aspx

他者に貢献できたときに光り輝く

故Curt Liesveldと故Christy Hammerに、本書を捧げたいと思います。

ギャラップのトップコーチのひとりとして数千人のクライアントとセッションを行い、ストレングス・コーチング・コースの設計にも大きくかかわったCurtからは、深い教えを得ました。

本書で述べているとおり、才能を強みに変えるためには「投資」が必要ですが、彼は「投資に加えてもうひとつ、秘密の材料が必要だ」と皆に教えてくれました。それは何でしょうか。〈分析思考〉をトップ5に持ち、データと客観的事実をこよなく愛する彼が教えてくれた秘密の材料は、なんと「愛」でした。聞いたときは驚きましたが、きわめて分析的でロジカルなプロファイリングを行う彼の言葉には深い含蓄がありました。

人は自分を愛することができて初めて他人を愛することができる、自分の資質に感謝することができて初めて他人の資質にも感謝できるのです。

私はこのことを本書の翻訳にも取り入れようと腐心しました。これまでストレングス・コーチとして聞いてきた34資質の声に「愛」と「感謝」の意を込めながら、原文が持つ意味やメッセージの意図を忠実に翻訳に反映させようとしました。

さまざまな資質を持つ多くの人の声を聞いてきたからこそ断言できます。どの資質もすばらしいものばかりです。〈指令性〉を持つあなたは、皆が怖気づいたりパニックになったりする状況のなかでもそこに飛び込み、事態の収拾にあたったことがなかったでしょうか。〈自我〉を持つあなたは、「これをやれば、組織や社会の未来がよりよくなる」という思いにかられて、大きな困難が伴うにもかかわらず、あなた自身を疾走させたことがあるはずです。〈競争性〉を持つあなたは、たくさんの強豪がいる厳しい状況のなかでも「絶対に手に入れる」という自らのスイッチを押すことでチームの牽引役を果たしたことがあるでしょう。

ぜひ、あなたの上位資質がこれまでどう役立ってきたかを思い出してください。そうすれば、その資質を「強み」に向わせるようにコントロールすることができます。あなたの資質を誰か他者のために使うことができるようになったとき、原石だった資質は磨かれたダイヤモンドのように輝きを放ち、周囲を照らしはじめるでしょう。

自分にない資質をうらやむのではなく、自分が持つ資質を認めてそれを受け入れたときにこそ、あなたはそれを使ってすばらしい結果を出すことができます。あなたではない他の誰かになるのではなく、自分が持つ資質を磨いてあなたらしさを極めていくのです。自分らしくあることは決して自己中心的なことではなく、自分らしいかたちで誰かのために貢献することなのです。

本書を通じて多くの方がそう感じ取っていただけたなら、これ以上の喜びはありません。

また、Curtと同様に経験豊富なトレーナーだったChristyからは、大きな力をいただきました。彼女が私の目を見て言った一言、「あなたはいい資質アナリストになるわよ」という言葉は、つらいときにも私にとって一筋の光となりました。彼女たちのような豊富な知識と経験を併せ持つすばらしい教育者たちの薫陶を受けられたことを深く感謝します。

最後になりましたが、ギャラップ社CEOのJim Cliftonと著者のTom Rathに、そして本書の出版を後押ししてくれたLarry Emond, Jerry Hansen, Seth Schuchmanに、コーチのJacque Merritとファシリテーターのの Dean Jones, Benjamin Erikson-Farr, Blanca Garcia, Jeremy Pietrocini, Purva Hassomal, Steven Beckに、資質アナリストのLinda Moorman, Maggie Hoppe, Vidhya Thomasに、そして、日本でギャラップ社のハイパフォーマンス・マネジャー・プログラムのファシリテーションを行っている小屋一雄氏、ギャラップ・ストレングス・コーチング・コースのファシリテーションを行っている近藤真樹氏、寺田由美氏に、〈ストレングス・ファインダー〉の普及に尽力されてきた森川里美氏に心より感謝申し上げます。

また、人材開発やリーダーシップ、マネジメントの手法を学ぶようになって、改めて恩師の古田元夫先生に感謝しています。

日本経済新聞出版社の伊藤公一氏をはじめ、翻訳をチェックしてくださった鈴木マグラクレン美保氏、本書の出版をさまざまなかたちで支えてくれた皆様と、私に資質の声を聞かせてくれたこれまで出会ったたくさんのクライアントの皆様にも心からお礼を申し上げます。すべての翻訳の責任は私にあります。資質の定義のみ、これまでとの一貫性を維持するため、以前からあるギャラップ社の翻訳を使用して若干の修正を加えるにとどまったことをお断りしておきます。

誰もが才能を持っていますが、それを使って飛躍への一歩を踏み出すのは、他でもないあなた自身です。あなたが自分の意思で行動を起こすかどうかにかかっています。本書が、その一歩を踏み出すための「何か」を届けることを願って。

2017年3月

古屋博子

■著者紹介

トム・ラス（Tom Rath）

優れたビジネス思想家であり、ベストセラー作家のひとり。著書に、本書のリーダーシップ編にあたる『ストレングス・リーダーシップ』や、ニューヨーク・タイムズ紙のベストセラーリストで第１位を獲得した『心のなかの幸福のバケツ』（いずれも共著、日本経済新聞出版社）、『幸福の習慣』（共著、ディスカヴァー・トゥエンティワン）などがある。ミシガン大学とペンシルベニア大学で学位を取得。現在はワシントンＤＣで家族と暮らす。

クリフトン・ストレングス・ファインダーとは

1998年、ドナルド・Ｏ・クリフトン博士によって生み出されたアセスメント。40年間に及ぶクリフトン博士の調査・研究に根差している。2004年には、開発者である博士に敬意を表して〈クリフトン・ストレングス・ファインダー〉と改称。このアセスメントによって、世界中で数百万人の人々が自らの資質を発見し、才能を開花させている。

ギャラップ・ストレングス・センター

https://www.gallupstrengthscenter.com/

■訳者紹介

古屋博子（ふるや・ひろこ）

ギャラップ認定ストレングスコーチ。ギャラップ社のストレングス・コーチング・コースやハイパフォーマンス・マネジメント・コースのリーダーおよび講師も務める。慶應義塾大学大学院で修士号（政治学）を、東京大学大学院で博士号（学術）を取得。２児の母。

さあ、才能《じぶん》に目覚めよう 新版
ストレングス・ファインダー 2.0

2017年 4月12日 1版1刷
2018年 4月 6日 6刷

著 者 トム・ラス
訳 者 古屋博子
発行者 金子 豊

発行所 日本経済新聞出版社
https://www.nikkeibook.com/
東京都千代田区大手町 1-3-7 〒 100-8066
電話 03-3270-0251（代）

DTP タクトシステム
印刷・製本 凸版印刷
ISBN978-4-532-32143-7 Printed in Japan